通靈師

心的境界

歡喜八方 ◎著

自序

今年對我而言真是不同的一年，過去從沒想過要收門生，而今年就收十二個門生。我不是一個敢大主大意的人，尤其在通靈這個部分，我總是放空接受師父們的指示，就連收徒弟師父們說只能收十二個，我也不能多收，我沒問什麼原因，通靈時間久了，跟神佛相處久了，漸漸明白什麼是「時候未到」。別問太多，做就對了。

就一般人而言，對通靈這個角色，總是覺得迷信，或者是某個神佛的代言，或者就是一個有天命的人，他或她必須幫神佛做事，更甚至只要是通靈的人就是一個有修的人。

哇～～好大的帽子，一個有修的人不是就要清口茹素、行為端正、口出善言、慈眉善目、謹守教規、晨拜晚讀……

最重要的是要人人愛我，我愛人人。可是我不是這樣的人，師父們早就知道我不是這樣的人，要我做這樣的人我做不到，我沒有這麼大愛。我連自己的生活都顧不好了，當下一餐在哪兒都不知道了，還能選擇吃素，還有時間唸經，多的時間只想著睡覺，別讓血壓過高。滿腦子只想著怎麼過日子。

我沒有法子接受有神就可以過生活的人。一開始通靈時我總是跟師父們交換條件，內容總是如果你讓我收幼稚園的學生三十人我就幫你們做事，如果你讓我過這個關，我就聽你的話。直到幼稚園收了，什麼錢都沒了，負債一堆，還是換不到任何條件。

屈服了，冷靜了，開始願意聽師父們的話。直到收了門生，更明白，通靈只是讓我們更有智慧，讓我們知道自己要修正自己的性格。而這個過程，有四年多，這四年來，讓我明白什麼是放下，什麼是做到，什麼是反省，什麼是家和，如何跟我的女兒相處，如何跟我的男人在一起，如何面對自己，如何改過。

這一切的一切，都是通靈給我的智慧。

過去的智慧是來自書本，來自課堂學校的教導，來自前人的口耳相傳，傳到後來，隨著時間，就是忘了，就有好事的人，來規定我們該如何學習智慧。結果就是迷信，就是人云亦云變成自己沒有了勇氣和信心，卻又相信自己是對的。這就是還沒通靈的我，相信很多人都是如此。

所以現在人人可以通靈，人人可以得到神佛的智慧，現在神佛早就大開通靈之門，是我們自己迷信，是我們用刻板印象來框住我們自己的智慧。框住我們在紅塵的智慧。

真的，在你身邊有多少人說自己有敏感體質，或者就是通靈的人。

但在歡喜八方，我接到的旨令是通靈只有兩件事，一是讓自己身體健康。二是讓我們變得更有智慧、更明確的道理反省我們自己而去修正我們自己。

很多人會認為通靈就一定要打坐。或者打坐就可以得到上天給你的奇異功能，其實不然。

打坐，只是讓我們專心的去感應我們的智慧。打坐，只是藉由吸吐來調整我們的身體，讓我們的身體更好，在紅塵才有更多的體力和精神去做我們的功課。

就這樣，從今年一月收的門生到現在快半年，我的門生，已經有十一個可以通靈了，其中還有一個沒有通靈的原因是他的祖靈要他先學習放鬆和放下。這半年多來，看到他們每週來聽開示，學方法，很開心的過每一天。終於明白師父們是想告訴我，什麼是真正的做菩提。

菩提就是把自己做好，教人做道理。

推薦序

時間過得很快，認識Carol，已是一年前的事了。當初是因為我八德套房裝潢的事而結緣，後來才知Carol的本業是通靈和代口的老師。漸漸地，我每周六都會到八方來聽開示課程，學習所謂真正的道理，和眾兄弟姐妹們大家彼此關心、討論和分享工作或生活上的點點滴滴，互相鼓勵與學習。不知不覺中赫然發現，僅僅一年的時間裡，自我成長了許多，原本直率衝動的個性，也變得平和，更加沈穩，懂得傾聽別人的聲音，尊重他人的決定；更加了解凡事求諸在己，先修身後齊家；懂得除了道理以外，更需要運用智慧，使得做人更加圓融，處事更加順利；冷靜和等待，是最大的智慧。

說到自己，1992年從現在的台灣科大MBA畢業，順利進入國內知名化工上市公司服務17年，後又輾轉到電機、電線電纜業歷練，現又回到摯愛的化工業。一轉眼近二十個年頭，過去雖然都是在上千人的上市公司服務，為工作、為生活、為家庭忙忙碌碌，仔細回想，自己內心似乎是一場空。反而是這一年內所充實的，紮紮實實地深刻在我心裡，並將運用在我未來的人生，而且我相信它將發揮最大的作用。

在Carol身上，我看到一位意志堅定，每天努力為生活打拼的女子，一個因緣際會，讓她踏入通靈的世界，身負天命的她，除了日常生活的柴米油鹽外，更加關心云云眾生，不斷的代口開示，希望把道理傳承下去，讓大家都能開心，心想事成。在此祝福Carol每天都能開開心心，早日完成天命的大願。

中石化資深採購工程師　宋薏萱

目錄

看到他們的進步，只有感動兩個字

我的門生——美莉

美莉是在兩年前來找我的，當時已經離婚了，正在打離婚官司。

站在街頭只想到先生怎麼可以這麼對我，過去的百般呵護換成現在無情的嘴臉，一想到過去曾經是人人稱羨的好命，同事、朋友都說我選了一個好丈夫，有兩個孩子，一男一女，有專業、有穩定的工作，我的婚姻就是一個模範家庭。每天生活規律，有計畫的為我們的家，計畫一件一件的未來。但是……他竟然違背婚姻的承諾，背叛我，我每天忙進忙出的為了你們，為了我們的家庭。想到這裡，我的不甘願，我的未來，全因你的一己私念化為烏有。想到這兒……今天，我要掀開你好丈夫、好爸爸的假面具，我要讓全世界知道你的虛假，你的好形象，你毀了我，我也不會讓你有好日子過。

準備好的傳單，站在公司門口發，我要讓你知道，你對我的傷害有多大。

這樣的彼此傷害終於走上離婚之途。事情還沒結束。孩子的監護權、財產、撫養費、贍養費，一件一件的二度、三度、四度傷害。從談判離婚的過程，才明白，原來過去事事不計較都是騙人的，原來前夫性格是處心積慮的要奪走她的全部。

從傷心、無助、怨懟、氣憤、無奈到放下。現在的她是美麗又有智慧。

一開始認識Carol老師，是來問事的，為什麼來問事呢？當然是因為諸事不順啦！當初問題真的很多，家庭、身體都出現嚴重的問題，有種活不下去的感覺，心情超低落的。但是在問事之後，一次又一次的聽著Carol代口說道理，由各神佛開示的內容與教導我們待人處世的方法，慢慢的我越來越成長。

這個當然不是短期速成班，似乎一下子就能改變一個人，一個想法，我到八方應該有兩年多了吧！當然中間也遇到和自己性格的拉鋸戰，如今從原先不開心的一個人，到如今開心的過每一天。

現在看到美莉總是開心的過每一天，這兩年來，她碰到公司裁員，她面臨失業的問題，但是她開始學習各種能力，她拿到美容師證照，她去上她喜歡的課程，她把自己調整的很好，變美了。有空上課，沒事陪媽媽，也和前夫協調好如何看孩子。在歡喜八方也交了很多好朋友。看到她真的懂什麼是開心過日子。

她在歡喜八方負責感應通靈打坐的方法，幫助學生調氣和身體如何運氣。

知道自己的責任，從來沒有缺席過。看到她走過過去，放下心中的怨氣，我告訴她，幸福是要自己追求的，相信她一定可以找到真正最好的另一半。

每一個來歡喜八方的朋友，都有自己的故事。曾經我問過美莉，如果再一次的經歷過去，會讓自己有這樣的結果？她說不會，她說她會用神佛教的道理和方法去面對她的問題，努力到最後。聽了好高興，歡喜八方的人真的不多，從一個人開心過生活到兩個人開心過生活，到無數個人，都要開心過生活。

另一個開心的故事

很年輕就結婚的樂樂有一個很好聽的聲音，溫順的個性。年紀輕輕就結婚了，什麼也不懂。隨著時間成長，樂樂發現自己如同行屍走肉般的過生活。想起沒有聽母親的話就任性的把自己的終身訂了。前夫是做開鎖生意的，生意好時，忙的理都不理她，生意不好時，就是睡覺。跟前夫討論未來的生活，前夫煩了就出門，還染上賭博的習慣，想想自己還不到三十歲真的就要這樣過了自己的一生？心中渴望的未來一直反覆的告訴自己，要學習、要成長、要努力。可是前夫賭輸了我們的錢，又開始賭我們的未來。我不要，我不要這樣的生活，我才三十歲。

在不斷和前夫溝通後，樂樂什麼也沒拿就離開當時草率訂下的終身。

十年來，樂樂努力的工作把自己調整好，重新回到學校拿到了學歷，可是任性的過去，讓她總是沒信心，難道自己錯了？現在樂樂有能力可以教自己的兒子，她不要她的兒子跟前夫一樣，她不要她的兒子跟她一樣草率的決定自己的一生，卻要花更多的努力來填補。兒子已經上高中了，開始要規劃自己的一生了。我該怎麼做？實在沒有信心可以做好。

樂樂來歡喜八方的時間很短，我只有告訴她，過去就過去了，不管對或錯都做了，最重要的是未來是什麼？如果當初這麼決定了，現在就不要想太多，就是開心的做就好了。來歡喜八方學習方法。誰沒有過去？誰又可以說誰的過去都是對的。佛說：放下屠刀，立地成佛，不就包含放下你的過去？把握當下才是最重要的。妳想做個好媽媽，是對的，沒有錯就去做。妳想要一個感情的依靠，就要讓自己先開心、先漂亮才會有機會，現在我們要學習把自己準備好，這就是把握當下。短短的兩小時談話，樂樂開心的離開歡喜八方了。

樂樂給八方的一封信

每當吃完晚餐總有習慣跟著兒子去附近書店散散步，偶然機會看到了Carol的第一本書，裡頭講的故事好像電視劇一樣，滿有梗也很耐人尋味。經由網路搜尋找到部落格，看了上面的文章進而瞭解「歡喜八方」到底在做什麼？喔，原來又是神通，很愛算命的我當然又是預約時間算命去。

這個Carol跟別的神通不太一樣，她是一個很開朗、很可愛、很平易近人的熟女喔！在與她問事的過程中，驚覺到，我活了這麼多年居然從不知自己的問題到底出在哪裡？問事後我頓時豁然開朗、陰霾退散的感覺！（這很重要喔，因為連問題都不知道在哪的人，很慘！真的，我就是個活生生的例子。）回到家之後，我那個性謹慎、小心翼翼的老哥怕我被騙，也半信半疑的跑去找Carol問事；結果，老哥說：「嗯，真的不一樣！好特別喔！」我哥的部分就等以後有機會再說他的故事及後續發展。

在問事結束後我回去反省思考，我最在意的人、事、物是什麼？為何別人可以天天開心且心想事成？為何我想要什麼都沒有？在愛情的世界裡，女人該享有被人呵護及疼愛我怎麼都沒有？在親情的世界裡，為人母該享有的天倫怎麼也沒有？我該怎麼做才會得到我想要的？我要怎麼做才會得到快樂？唉，女人最怕沒人愛、沒自信、沒打扮，每天渾渾噩噩的在怨懟及抱怨中度日，真不知為誰辛苦、為誰忙？更慘的是，忙了還被人嫌，做了還惹人厭！我到底該怎麼做呢？我在「歡喜八方」每週六的開示課程中慢慢學到了，這裡講的是在職場、在家庭、在生活中的道理淺顯易懂；不過，「歡喜八方」這裡的開示課程都只是道理的告知；不是我們知道了道理我們就馬上會變好命了。（哈～沒有那種事！若有，肯定是騙人的，小心呀！）有句俗話說得真好：「師父領進門，修行在個人」。

幾個月來我在歡喜八方學習後得到的改變：一個悲觀沒有自信的女人，一個沒有家、到處租屋像浮萍一樣漂流的人，一個親子關係緊張孩子又沒教好的母親，一個被男人劈腿還傻呼呼地等著真心來愛我的女人，哈哈，這已不再是我了。我想這都是上面諸位神佛給我的鼓勵及Carol的幫忙。（不過，不論男人或女人，只要自己先有改變的態度，只要自己要先有動起來的想法，就會開始有人幫助進而有神佛相助，人在做真的天有在看喔！）

「歡喜八方」有許多真誠、實在的好朋友，希望有緣人都能來此與我們一起學習並且快樂的過生活。人生很像一齣齣精彩的連續劇，其中包含不少只有我們自己能品嚐的酸、甜、苦、辣；而我們每個不論高矮胖瘦、男女老少，都是這場人生戲的主角，想得金馬獎（想過關，交出漂亮的成績單）就得好好的用心、用腦袋去演出，並時時保有樂觀的態度，積極地、盡情地去享受箇中滋味。人生的每場姻緣際會都是很難得的緣分，是好是壞、是喜是悲，全由自己的態度來決定；人生的時間總在不經意中快速飛逝，我們真的要好好把握、好好開心的過，才不枉費來此一生。加油，不要怕，不要怕，要勇敢，我們一起來努力！

在此獻上我的祝福及感謝～

謝謝可愛的Carol及歡喜八方真誠的朋友們！

每一個人都有過去，前世的緣分未必是今生要還，我們要還的只是態度。我們不要跟過去的人一樣，所有的痛都要宿命的來接受。樂樂就是一個知道自己要什麼，努力去做，卻還是陷在前世的陰霾。如今她用更樂觀的態度去面對她的人生，用開心的方法，一個一個去解她心中的結。如今她勇敢的去做，結稿之前，她又做了一個決定，買了一間房子，正準備開心又努力的去走她的下半生。也一樣祝福她。

樂樂並不是我的門生，所以她不會通靈，她曾經說，她也好想通靈哦，她想跟我們一樣。我看她只是沒有信心和勇氣而已，現在她來聽開示，得到的智慧和方法跟我們一樣，又何必通靈呢？我們都一樣在紅塵做好自己的角色而已。通靈只是一個方便門。

大開通靈門

我們每一個人都有累世的因果。而世世代代的因果所累積的性格要改變，有多難。因此，師父們想了很多很多的方法，讓我們相信道理，也讓我們相信無形的存在，也幫我們找方法。如今師父們告訴我，每一個人都可以通靈。大開通靈門，讓我們更瞭解明白自己。

釋迦佛祖示

道理說了千百年　怎奈紅塵說不聽
如今交盤在眼前　只好有請接盤做
接盤什麼都沒變　只有方法千萬千
如今想要回西天　真的只要做出行

彌勒佛祖示

感謝佛祖交盤時　大開通靈回天門
如今想想末法時　只能自己幫自己
大祝紅塵能開門　人人通佛回天門

老君示

有幸成為末法護盤　深知紅塵道理難做
如今神明不求功德　所以再求神明無用
所有神明聽令：道理不全，事事難求

觀音示

紅塵有法　事事難全　如今開門　學習天道
老是問神　不如問己　通靈之好　就是智慧
加油紅塵　回到天道　自己掌握　人生好理

帝君示

通靈之門真是好　自己反省有一套
如今學習真是快　就是通靈反省之
任何事情先反省　有了反省才做出
如今大開通靈門　莫再想要求神明

母娘示

通靈之門已開啟　就是道理要明白
雖是通靈能回天　但也功課要明白
想想紅塵真辛苦　又是聽神又聽佛
如今道理都明白　就是自己掌一生

四面佛祖示

早已大開通靈門　神佛鬼怪通通來

如今通鬼也是通　如今通佛也是通
誰都可以知天命　誰都可以說大話
通靈不過通智慧　錯把未來當算命
通靈之路求智慧　通靈之路做本分
若把通靈當錢財　只好後世功德拿
勸君誰都可通靈　通靈沒有了不起
如今通靈大開門　只有前世替人做
他人只是學智慧　學會智慧道理成
如今通靈人數多　全看自己當大權
小心大權沒人心　又入空門做紅塵

我曾經問過怎麼是我？剛開始還覺得是前世的因緣，今生的善良。到現在，真的只能說神佛慈悲，前世的債太多，還不完，所以讓我接開示的旨，來幫我還債的。知道這些後，我常跟我的學生和訪客說，通靈的人沒什麼了不起的，要更謙虛和和善，因我們是來還債的。是我們來還所有的好緣和惡緣的。

可是現在很多通靈人士，都覺得自己有使命、有天命，要渡眾生，自己就是神明的代表。這是不對的，你就是要來學習謙虛和和善的，怎麼又覺得是神佛的代表呢？通靈的人要學習什麼是自己的角色？什麼時間又是神佛的代口？自己要改什麼性格？神佛給了我們什麼智慧？這樣才不會走火入魔。

為什麼現在神佛會大開通靈門，師父說，過去都是有德的人在傳道理，讓我們云云眾生在紅塵學道理並去做道理，可是道理傳久了，總是加了很多自己的想法和說詞，就失去了道理真正的目的。舉例來說，佛祖要我們尊重生命，可是怎麼教我們都不會，後代的人就說，那訂規矩好了，不可殺生，又做不到，那說方法好了，不吃肉，結果每一個相信佛祖的人都要學習不吃肉。佛祖說，我只是想告訴你們要尊重生命，但怎麼到了最後是學佛的人要吃素呢？當然吃素是好的，長期以來肉身作息和飲食的不正常，心中的不放下，造成身上的毒素累積再累積，而吃素確實可以排毒，那就吃吧！可是道理呢？尊重生命的道理呢？變成道理不記得，吃素記得。

原本神明附身是要讓我們明白道理和做道理的重要，神明為了讓我們相信什麼是道理，所以會給我們有拜有保庇的特權，所以會讓有些人看得到天堂，走到地府，結果又造成迷信，求明牌，看熱鬧，花大錢保平安，而又忘了做道理。神明之間誰比較大？誰又比較靈？寧願花時間去拜拜，而不願花時間陪先生看一場電影，好好培養感情。

長時間看到紅塵對神佛和對神明的相信，而不相信自己，長時間看到紅塵只相信看不到的神佛而不相信道理。

所以，就在末法之前大開通靈之門，讓我們原有的道理，透過神佛幫你整理，讓自己做好自己的角色，讓我們的人心回來，讓我們更瞭解自己，這就是新的佛法。

大開通靈之門，這樣的新法不論是在東方，在西方也一樣，所以坊間很多書籍說的都是通靈，都是說人性、都是說認識自己。而我們身邊有好多朋友都有特異功能。

如今，神佛大開通靈之門，從出書以來，很多通靈者上門來請教，自己怎麼了？有些人通靈隨著靈起舞，或者打嗝，或者說天語，也有的會開文……等等隨著靈做事，卻不知自己在替哪個神明在做事或者說了什麼話，有的連道理都不知道就跟著做事，這樣只是讓靈做事，但肉身並沒有因幫神明做事而滿足心中的道理。

神佛的通靈和宮廟的神明有什麼不同

神明和神佛沒有什麼不同，都是要人向善，教人學好的一個靈，只是這個靈我們對祂們的稱呼不同，把祂們的定位放在不同的功能上。我時常跟我的學生說，如果我們把無形的空間，也想像跟我們一樣，那麼神明也好，神佛也罷，都是那個無形空間的執行官，就好比我們要生孩子要找戶政事務所，讓人欺侮了我們要去警察局，有官司了要上法院，身體病了要去醫院，而所有要替紅塵工作的神明，也都要有專業和執行令，而其目的只有一個，就是協助我們在紅塵好好的做完修身、齊家、治國、平天下的功課。只是現在無形的空間跟我們紅塵的社會一樣亂了，有的神不是祂的事祂也要管，有的神不能做那個事祂也要做，大家都在比紅塵信奉祂的人誰的比較多？也在比誰的功勞比較大？

所以各神明就會訂下很多規定，要我們如何的供奉祂，或是建大廟。也不能說這樣是不對的，如果因這樣而可以讓云云眾生不能也不敢做壞事，也沒什麼不好，總而言之，三千七百萬法，各顯神通，各各是法。

但時間久了，各種相傳的規矩，已經成了求神明的基本科儀，而紅塵真正的為人處事的道理卻記得不多了。

因此神佛大開通靈之門，就是要我們重新找到自己，重新拾回我們原本就懂的四維八德。

通靈後，神佛從一個主事者，變成協助者，祂就是協助我們做出道理的一個管道。

從小就有一個聲音告訴自己是一個特別的人，可是在成長的過程中，除了比別人有自信，清楚的知道自己要什麼未來和人生之外，已經三十多歲並沒有特別的際遇。對啦，就是談一場不錯的小戀愛。就是有一個錢多事少離家近的工作。就是有一個沒有負擔又快樂的家庭。就是有一個不錯的腦袋反應比別人快而已。口才還不錯。這麼多優點的維納斯，人生怎麼可能就只是這樣而已。這不是跟每一個人都一樣的凡人而已。我的熱情和聰明真的只能這樣過一生。

維納斯開始尋找心中的聲音……就這樣進入了宮廟的修行。

筆名：維那斯女神

認識八方是一次無意間在網路書店看到《通靈師之靈的世界》這本書，覺得很新鮮，因為本身也閱讀了很多靈修佛學相關書籍，當時只覺得又是一個號稱通靈的大師罷了，後來連上歡喜八方的部落格，發現有很多道理和方法相關的文章，覺得這不就是我多年來一直在尋求的文章嗎？我一篇、一篇快速閱讀，越讀越激起了我的好奇心，反覆閱讀多日，決定要親自預約向歡喜八方開門老師Carol問事（其實也是抱著聽看看踢館的心態）。沒想到自以為在宮廟靈修到很有程度的我，竟然一一被Carol的答案打回原形，當晚問完事走出八方，心情卻還是很激動到無法平復，覺得自己以前的修行似乎都歸零了，也終於找到我心目中一直尋找的答案，有一種鬆了一口氣的愉悅感，原來我之前都在繞遠路啊！

接受宮廟靈修的洗禮有兩年多，一直認為的修行方式是持續誦經，參加超渡法會、打坐、開靈文、講靈語、靈動帶駕的修行觀念。過去我還帶駕五營太子兩年多呢！每逢神明聖壽，都要開靈文，師姐會告知事先要準備什麼供品來補運、消災、祈福。但兩年多來，我還是不知道自己靈文在寫什麼？靈語在講什麼？好像是自己在講，又好像不是自己在講，靈修兩年多，但自以為是的個性還是沒改。運途還是沒有很順，男朋友也沒看到。倒是花了不少時間，不少金錢。但我內心還是有很多疑問？可是都沒有人可以給我真正的答案……我一直上網看了超過百篇的靈修部落格和文章，每個宮廟都有自己的法，似乎大家都認為自己的法最好、最強、最棒，但我看不到真正靈修人的謙虛態度。

八方所傳達的卻是完全不同於過去的修行觀念和方法，說穿了就是先把自己做好吧！不要認為自己可以去拯救超渡祖先、阿飄和過去的冤親債主！如果連最基本的修身都沒做好，談其他都是枉然。只是花大錢和時間去白忙一場罷了！

的確，一直尋求靈通，只是讓自己陷入卡陰、卡魔的慘境，因為貪念，因為行為愚痴，因為自以為是，因為不懂修身，所以我卡了很多外靈，大半都是我自己招來的，直至自己開始聽道理開示後，慢慢導正自己以前錯誤的修行觀念，慢慢知道紅塵肉身最大，要以有形的肉身帶無形的靈一起成長，而非無形看不到的靈帶著我們的肉身做一些不知所以的事。做好自己才是真正的王道啊！

我的生活重心從宮廟拉回自身和家庭，從自己的作息和工作態度開始調整，進而改善與家人相處的模式，讓五倫關係越來越和善，雖然現在的我還是有很多要改善和很大的進步空間，可是我相信只要去執行、去做，就會不斷的進步！學習總是一天比一天進步。

聽道理是最基本但也是最重要的，導正了我很多偏差的錯誤觀念，即使自身是大學畢業也在社會上走跳好多年，還是有很多做人的道理非常不足啊！以致於繞了很多遠路，卻沒發現原來有快速道路這麼好走，省時省力又省錢！此外，很感恩有機會可以練太極，讓自己的身體越來越健康，心靈越來越喜樂！

我相信有很多人也跟我之前一樣越修越困惑，越沒有自信，且一直在尋找一個答案，相信我，來八方你會找到你要的答案！

維納斯是我們歡喜八方的開心果，她的反應快和樂觀的態度，讓歡喜八方

頓時年輕了許多，有她在的地方總是笑聲不斷，她總是犧牲自己的形象來逗大家開心。事實上她是一個對生活嚴肅而謹慎的人，她想著只是讓事情圓滿開心就好，今天偶然的機會她看到了歡喜八方的書，尋找歡喜八方的部落格，看到了道理和做的方法，只是滿足她原本就明白道理的內心。但看不到又摸不著的靈又怎麼告訴今生有讀書的維納斯呢？現在找到了，看到維納斯善用通靈的好處，運用通靈的能力把身上的結石排出來，只能說也是一個用功的學生換來神奇的結果。

以下是我的另一個學生　強生

請問：宮廟的修行和在八方開示不同的地方？

回答：同樣是佛祖要傳達紅塵道理，但在宮廟的規矩太多，而歡喜八方會很直接的說明道理要怎麼做。

請問：通常去宮廟參拜的朋友，求的是什麼？

回答：主要求財的人很多。

請問：跟八方的差別在哪兒？

回答：宮廟求財就是單純的請神明給財，就是給或不給，但如果求到神明給財的話，就會養成依賴性，依賴求財這件事，但歡喜八方會放在你怎麼做的道理上，會教我們做什麼道理，有什麼態度才能給財。而傳統宮廟中，神明對於求財做的方法，這只能看功德請神明給財了。

請問：宮廟的維持經費從哪兒來？

回答：宮廟中神明直接用一些法幫我們解決我們所碰到的問題，所以宮廟會跟我們直接收費，每個神明都有自己的法，所以祂們會收問事的隨意紅包，也會收香油錢，也收作法的錢。如祭改，或者神明的生日，還有就是一些科儀的費用。每個宮廟維持的方法都有不同，捐助是最多的方法。

請問：什麼原因在宮廟中會有人這麼樂意捐助宮廟的維持。

回答：呵～～還有聽過有人賣房子在幫助宮廟的維持。主要的原因是，傳統的宮廟會告訴我們用錢財來買功德，這樣的說法也沒錯，因要你花錢幫助更多的人來宮廟，很多人去宮廟的原因未必是要求什麼，而是心靈的寄託，而是生活的方式。所以，會有人自己都還過的不是很好，而願意花很多的錢去幫助別人。

請問：既然花錢可以買所謂的功德，那麼是不是宮廟的人都有很好的生活。

回答：很少耶，很多人生活過的很苦，有人生病，有人沒錢，有人離婚，但他們都會相信，只要替宮廟的神明工作，就會心安。

請問：生活都不好過，又怎麼會覺得替神明工作會心安呢？

回答：這就不明白了，我想那就是一種寄託吧！

請問：那你可以說一下你在宮廟和在歡喜八方有什麼不同。

回答：在宮廟不用問太多，就是交給神明。而在歡喜八方神佛會告訴你怎麼做才能得到你要的財。就是所有求的事情都要去努力而來的。

請問：你從宮廟到歡喜八方有什麼改變。

回答：過去在宮廟，只要宮廟有活動，一定要去，因那是幫神明，做功德，可是歡喜八方就是來聽道理。如果有事就借看同學們抄的筆記。不過，我都是場場必到。因太太很放心。過去太太一直很擔心如果幫神明做事久了，會不會就去做乩童，因神明最大，在歡喜八方師父說，自己最大，家庭最大，所以太太就很放心了，也少了不開心，夫妻兩人感情越來越好，小孩也會拿歡喜八方的道理告訴自己要怎麼做一個聽父母話的孩子。

請問：你在宮廟做事有很長的一段時間，你可以談一下個人的感覺？

回答：去宮廟做事很多人都覺得是在做功德，但當我們生活都有問題時，身邊的人就會覺得我們迷信。宮廟有很傳統的文化，你說它迷信，還不如說它是一種文化。有時看到宮廟的活動，有陣頭，覺得很花錢，很多人都是借錢來做這件事，但這就是一種傳統。而如果它是一種傳統，個人覺得很好，但如果是一種功德，又會覺得那是迷信。

請問：如果宮廟真的神明可以幫助我們，這就是一種無形的力量，也沒什麼不好。可以說一下你過去曾經在宮廟中得到的靈驗？

回答：曾經有人來求明牌，結果真的中了，可是他也沒有回來謝神明。當然也有人中了樂透把錢都捐給了宮廟，後來再求都沒有，而這些人就會在神明邊繞來繞去，也是求明牌，神明給了一次重生的機會，不會再給你第二次，一直求，久了生活也都不好過。

請問：你在宮廟這麼久的時間，你覺得學到了什麼？

回答：我很感謝濟公師父讓我透過求神的過程中學習到人從生、老、病、死的過程中求身體健康、求財、求情、求子、求事業的態度。曾經看過一個七、八十歲的阿媽，她開口跟神明求財，可能是家裡狀況不好，子女沒做到照顧或讓老人家擔心。這讓我感受到人老的無助以及子女應該要盡的孝道。

請問：這是很好的想法，可以從別人身上反省自己。我想神明也會很高興的。

回答：如果每一個都可以透過求神的過程反省自己，神明當然會很開心，可是過去我的宮廟的神明，因看到來求事的人不守信用，所以也不再辦事了。因求事的人心態不對，只要求財，後來濟公師父就不辦事了，神明也就不想辦了。

請問：你覺得宮廟求神明的人和歡喜八方最大的不同在哪？

回答：在宮廟中求神拜佛的人最大的問題在於不知怎麼做道理。這樣的人通常是年紀大的人，宮廟對他們來說就是生活的一部分，一個寄託。但在歡喜八方會告訴你要怎麼做出這些道理。很不容易做，也未必做得到，但是心中會很安定，因你會知道方法是什麼。做和不做而已。

請問：你在宮廟的時間這麼久，你覺得宮廟最大的問題在哪？

回答：乩身吧！如果乩身的心不正，神明就會離開。而如果神明離開乩身會利用科儀活動來斂財，更嚴重的是騙色。

請問：從宮廟到歡喜八方個人覺得最大的改變是什麼？

回答：道理很清楚，知道自己個性上的問題，要改變。但最大的改變還是家人的感情。過去花很多時間在宮廟做事，太太不是很高興，有時到三更半夜的。現在一週只有一天的時間去聽開示，當然可能週休二日就少了一天，全家出遊的時間很難安排，但聽開示，總是有所犧牲。另外太太每天都很開心。

我還是會去宮廟拜拜，但那已經不是寄託了，而是對祂們的敬重。

強生是我們歡喜八方的旅行社，有任何活動，一定請他支援，做事很實在的人，對父母很孝順，很長的時間在宮廟協助廟方一些行政工作，對神明總是非常的敬重，相對的，對我這個開門師父，也真的是言聽計從。自從接觸歡喜八方做道理的方法，總是默默的介紹很多訪客，平時也積極的推銷我這個師父。把歡喜八方當商品再呷好到相報，願意花很多的時間在歡喜八方，再加上他的性格認真，歡喜八方的不傳統反而成了一種負擔。

有一段時間，可以感覺他的不開心，因太認真的他，碰到我這麼沒有科儀的師父，總是讓他跟我們這些整天嘻嘻哈哈沒正經的肉身有一層深深的代溝。在紅塵的相處上反而成為他的不知所措。

他很棒，自我調整後，也明白人和人之間的尊重，有什麼就說什麼，不會有太多的想法。最後跟他說歡喜八方最重要的是把自己做好，把自己的性格修正，讓別人看到你好的改變，那才是真正的幫助歡喜八方傳道理。不要做了門生反而成了一種負擔，記得在拜師那天，清楚的說，我們只做這一生的師徒，我們師徒之間的恩情可以隨時結束，只要我們雙方有任何一方提出這樣的要求，都沒問題。

門生和門生之間，不就是緣分而已。而你是個好人，每一個都是，只是我們要多一分尊重對方的成長背景，別人不會，你會，也懂，我們就多給其他的人一點時間。老君說過，等待和冷靜是最大的智慧。

而我，在無形的空間是你們的師父，只是告訴你們道理的做法，在有形的紅塵，我要改進的比你們還要多，平時，我們就是互相幫助的好朋友。

現在看到強生自在的在歡喜八方進出，有時全家出遊，沒來聽開示，也會找同學問開示的內容，看到他走出傳統的包袱，開心的會在日常生活中把道理做出來，真替他開心。

在歡喜八方什麼都要明著說。

另一種償債的通靈

有一個讀者，是一個軟體工程師。約見問事。

我們問事的時間是兩個小時，前面一個多小時，就是問工作啦、小孩啦、身體什麼等等，感覺就是在混時間。到了快結束時，他問了一個工作上的問題，突然我感應到他也是個通靈者。問他。你有通靈？他給了我一副很無奈的笑容。我請他告訴我他的通靈過程，他說，他是在一個宮廟打坐，有一段時間了，他會起靈，會說天語，會開文，可是他卻不知道祂的靈是誰，有時說是什麼大帝，有時是說什麼將軍，平時上班時，無法控制會吐口水，他也有疑問，不知這樣所謂的幫別人處理事情，會不會「擔」。

呵～～他問的很客氣，我聽的很模糊。

在歡喜八方是不可以靈上身的，除非有一定要處理的無形靈，或者是特別允許。而在我自己整個通靈過程師父們告訴我，我們一定要很清楚知道是誰在跟你感應。所以祂既然不知道是什麼靈，我就請祂來。一開始時，我請祂用寫的，我不喜歡跟靈對談，其實我是有點怕的。我也不喜歡壞了歡喜八方的規矩。我問祂你是誰？祂寫張天師，我又問祂我是誰？

祂寫如意。我說如意是誰？祂說佛祖。我跟祂說祢犯天條，天條的第一條是尊重，祢這個靈不尊重肉身。天師有點激動，亂亂寫，我有點心急，也沒有耐心等祂，就問了肉身的意思，請祂上他的身。天師很可愛，說台語，我跟祂說，我台語不是很好，請祂說國語，祂懂了尊重，很配合說了很好笑的國語，我們談話的內容大約是這個肉身什麼原因要替祂工作，祂告訴我這個肉身在宮廟學習的錯誤，祂要這個肉身日後跟我學習。中間的過程不過就是協調談判，所以會請天師退身，問肉身的意見，又請天師上身，聽祂的堅持，當中還有不讓肉身聽到的天機，我們用天語溝通，當然事後會跟肉身說，還是一句老話，師父們說過通靈是要肉身知道自己在做什麼。其中我有問天師，祢也是神明，明知八方是不可以上身的，為什麼還要來，祂說上頭要祂來幫我，我半信半疑，心想，幫什麼？神佛們說自己救自己！但在日後天師也來八方替我們處理一些無形的紅塵事。除了幫助八方學生明白真的有無形的存在，也很配合表達求神明也沒有用，要求的是自己道理能不能做。

畢竟紅塵相信的是看的到神奇的上身，而看不到心中要做的道理。

天師剛開始會上身，上了身就跟斯文的工程師完全不一樣的人，身形彎彎，說話台灣國語，口吐口水，就是跟斯文工程師外型有禮完全不一樣。幫我們解決無形的鬼怪。這是天師幫歡喜八方的一部分。「幫什麼？神佛們說自己救自己！」但天師問我，妳說道理這麼久，教了做道理的方法這麼多，請問，做的人有多少？一千個人有三個人做道理就功德無量了，又說：「妳說道理快，還是我抓鬼怪快？這就是佛祖讓我來幫妳的原因。」我心想師父們真的慈悲，在這之前確實因訪客們和一些事讓自己覺得說道理很辛苦，而不認真也不想做這個天命了。

在這之後，天師來了四次，就沒有再上工程師的身了。

天師為什麼要找上這個工程師做祂的代口，天師告訴我，在過去的前幾世救了這位工程師很多次，祂曾經答應過他要幫助他，可是一世又一世，眼看就要末法了，這個承諾一定要還的。

場景是天上的老君府

老君陪著心愛的女兒揮舞著劍，跳著輕盈的舞步，一邊看著女兒的成長，一邊教訓眼前的神明。心中也沒有想太多，塵杖一揮，就在說時遲那時快的剎那間，女兒一不小心跌入剛開啟的天門，看著心愛的女兒就這樣跌入紅塵的老君想救都來不及。

場景唐朝的將軍府

皇帝不在長安，一些將軍正醞釀著讓太子上位，而這位留著長長鬍子的將軍正思考著忠孝二字，忠孝難以兩全啊！經過徹夜難眠，還是選擇全家保命而跟著這些不忠的將軍做出天理不容的反動。道理在哪兒？怎麼掉到紅塵後的女兒竟忘了道理！老君在天府嚎啕大哭。忠都沒有了。又怎麼回天門……老君悔恨自己的不注意而讓自己的愛女沒有回天之路……。

場景明朝的街道

一個在路邊行乞的女子，傻傻地望著來來去去的行人，眼神空洞，肚子咕咕的叫，看到一邊賣著熱包子的小販，心中起了做了再說的念頭，起身竟搶起包子。一邊多事的人一喊，這個行乞的女子就這樣活活的被人打死了。

場景地府

女兒，妳怎麼忘了我曾經教過妳的法術在紅塵生活呢？

女兒，妳怎麼忘了天道呢？女兒，妳到底何時可以回到我身邊。天有天規，不論妳如何來到紅塵，妳該做的還是要做完才可以回去。老君痛苦的嘶喊著。只見女兒哭著說，你帶我回府吧！我好苦哦，我不要在紅塵，求求父親讓我回府吧！老君說我願意用我一身的功德來換妳回去，可是天有天規。女兒由哀傷的請求，到憤怒的不諒解。

最後女兒上了轉盤同時告訴父親，你不要再找我了，從此我不再是你的女兒，你當一個佛都救不了我。

場景明朝的後期

煙花樓有一個知名的花魁，能歌善舞，恩客如過江之鯽，數也數不完。她要的是錢。她習慣每跟一個人好過就換一個名字，她覺得那就是重生。她不記得來到煙花樓有多久了，她也不想去想，總之，只要是自己想要的，就一定要得到，不論是錢或者是男人的寵愛。在眼前沒有一件事是她拿不到的，慢慢她已不是只要錢的花魁，她想要掌握男人，她要的除了錢之外，還有權力和地位。

她善用五彩的酒醉金迷把自己藏起來。

場景清朝某個知府大院

一個半大不小的男生，讓人在院子裡追著跑，口中唸著我不讀我不讀，讀書有什麼用，我不要寫字。只見年邁的知府口中喊著，不讀書怎麼行，順手拿起一邊的竹子往孩子的身上狠狠的抽下去。就這樣，不抽還好，一抽晚上這孩子就悄悄離開了知府大院再也找不著了。

那一世老君的女兒死在江中。

如如是我的學生，最早之前也是我的訪客，不會通靈，可是見面的第一次我就知道她一定要通靈，沒有看到她有天命，但是知道她一定要跟著我一起做天命。因為她是老君的女兒，老君要我帶著她。

會與老師認識，是因為當時親人之間的一些問題，以及過世的親人一直在旁邊干擾，剛好堂姐打電話給我，我跟她說我快崩潰了！堂姐聽完跟我說：妳這是憂鬱症耶，於是她叫我上去台北找她，她要帶我去治療，但心靈治療師說他幫不了我，於是輾轉介紹到Carol老師這裡。

記得一開始是助教處理的，但某些原因，並沒有處理，只好再約一次Carol老師。當時老師看到我第一句話就問我說：妳會說天語喔？我說：不會！老師說：我看妳就是會說天語的啊！當時心裡想：不會吧！這啥情形。老師還說：妳都不愛拜拜的吼~我說是啊！後來老師問我要問什麼，其實我什麼都不知道只知道平時都當宅女的我，會自己坐火車到台北然後坐在老師面前，當時只是會一直感覺有人在我旁邊，而且我很清楚的知道祂是誰，每天都不讓我睡覺，或是在夢中跟我說一些事情，搞的我精神狀況超差。老師看一看之後跟我說：妳是太上老君的女兒，因為祂找妳好幾世了一直找不到所以調妳的前世來找妳，而妳過世的親人前世都是跟妳有關係的，祂的任務就是要讓妳找到這裡來，所以祂才會一直干擾妳。

其實當時也就只是聽聽，從小我就是個鐵齒的……老師一邊說，我一邊在想要如何讓我自己相信老師說的，剛好那時候有些東西是在過世的親人那裡，於是我就請老師幫我問她東西放在哪，神奇的事發生了~老師一邊說我一邊打電話請人找，竟然都找到了，於是開始有點相信，真的只是有點而已，哈哈我還是很鐵齒。後來老師說：上面說跟妳交換條件，妳若是願意接天命祂們就幫妳處理。那時心想：吼~小時候就不想，怎麼長大了還是要做這種的事啊！（其實小時候會看到那些東西，爸爸也是做乩身的）但是每天都不能好好睡覺也不是辦法，當時都有自殺念頭了，於是就答應了。老師就說：祂們說妳會感應，妳感應我驗證。心想：啥！我哪裡會……但還是乖乖做了~沒聽到任何聲音，於是我說沒感應，老師就叫我回去面對，反省每天再感應，再把每天感應到的跟她說，當時也沒想太多只覺得東西找到了很開心，回家也能好好睡覺，不再感覺有人在你旁邊飄來飄去。

每天有乖乖面對反省感應，也是想說：真的是像老師說的這樣嗎？鐵齒的人總是很有實驗精神，每天我的回答都是沒感應，常常問到我睡著了都沒聽到任何一位神佛來跟我說話，我還會說：怎都沒人要理我。後來我也沒再繼續留言給老師了。感覺每天都一樣沒感應，心想應該是假的吧。哈哈！

過了半個月吧！堂姐打電話來說：Carol說妳怎都沒再繼續留言了。我就把情況告知她，後來又繼續留言給老師～一樣沒感應，直到有一天跟妹妹提到老師，她說她也去問看看，約好時間的前一天晚上我到妹妹家住，天啊！整晚都不用睡。一直聽到有個女的阿飄在說話，出門之後我跟妹妹說：妳家好可怕，阿飄超兇的。兩個路上還一直討論，後來老師一查原來是老君在作弄我，祂說，我每天都說沒感應，這次就讓我有感應。挖哩勒！這也太驚悚的感應吧！帶一堆阿飄在那裡亂整晚，還嚇到我女兒？老師規定問事我就要去旁聽感應，於是開始知道感應是什麼感覺，原來我都一直誤會感應是要耳朵聽到，原來不是這樣。

默默的開始感應之後發現～原本過動的兒子竟然乖乖的唸起書來成績還不

錯，在學校也不會惹事生非。原本只有回家睡覺的老公也開始少出門了，很少帶我們出去玩的他竟然每星期都會帶我們出去玩，最神奇的是多年的老菸槍戒菸了。雖然我不是做得很好但是我有努力在做，上面是看得到的，常常看到很多訪客都會說：為何是我要改！為什麼是我要做功課，而他就不用！但是我真的發現～把自己做好除了可以讓旁邊的人跟你一起好之外，那些不好的也會離你遠去，當你不知如何做的時候就多聽聽開示，每一次的開示都會有不同的體悟，儘管那些題目都是我們很熟悉的，但是能做到的又有多少呢？

很開心認識老師～也很開心可以當她的門生，感覺我每天都在開心的過日子，師父說：開心，心想事成。也送給大家。

這是我的一位讀者

從小，我就覺得自己跟別人不一樣，到底哪裡不一樣我也說不上來，只覺得無形中會有一股力量在危急時幫助我，引導我……慢慢地，糊裡糊塗長大後，發現自己並沒有什麼不一樣，月亮並不是只跟著我走，就不再有這種自以為是的想法了！

二○○○年結婚，之後也有了小孩，現實生活一切幸福美好，但內在卻有一個疑問不停盤旋：這一世到底是來做什麼的？隱隱約約的似乎有一件事等著我去做……！二○○四年開始，有超多怪事發生在我身上，一直生病，常常頭暈腦脹、頭痛、心悸、噁心、想吐、白天很累很累、晚上又失眠多夢、腰痠背痛、很容易感冒，也很倒楣，只是都很小條（每天待在家裡要大條也很難吧！），可是累積起來也是讓人不想活的…花了好幾年的時間求醫，西醫找不到原因，中醫只說我氣虛，食療、健康食品、另類療法、運動、瑜珈、太極拳。……算命、改名……什麼都試，什麼都用……一路走來跌跌撞撞，感覺冥冥中好像有什麼在操弄著，要我去尋求答案？其實真的很想放棄，對自己的人生很無奈，也很無能為力……。因為我的痛苦不是病痛，而是找不到答案的沮喪以及說不出口的無奈與心酸……但是，倔強的我，覺得既然活著就要繼續探索，查個水落石出才行！

一直以來，我對人充滿好奇，超愛觀察每個人的人生，每個看似平凡的家庭，其實都有不平凡的故事，看似快樂的人卻有深沉的悲哀。我對這一切超好奇的，每個人從出生就帶著一串專屬的密碼，我的密碼是什麼？可以改嗎？或是想改變密碼也是密碼的一環？所以我對靈異事件、前世今生很有興趣，看過很多東、西方通靈人寫的書，每個人寫的各有不同，也都有一定的共同點，可見靈界確實存在，而每個通靈人就像一塊拼圖，透過通靈老師的解讀，我正試著為我人生中的疑惑，拼出較完整的圖像……在此要感謝Carol老師，她適時地解開了我長年背痛的謎團，就像卸下了一個無形的包袱，而一些找不出原因的情緒困擾也有了答案，也再次確定了我此生的任務！希望我人生的下半場能有新的開展！再一次謝謝Carol老師！她也是我遇過最親切、最可愛的通靈老師喔！

現在，我發現每個人都很不一樣，探索自己不一樣的地方，並善用之，必能活出不一樣的人生！與歡喜八方的朋友們共勉~

不明原因的委曲和病痛已經很多年了，看過醫生，跑過宮廟都沒有解決，時常莫名的流淚和頭昏不知為什麼。說自己過得不好，也沒有。先生對我很好，孩子很乖，我到底怎麼了！

場景是明代末年

在午門前人潮沸騰，爭先恐後看著這個才剛用大禮娶進國門的番邦公主，怎麼沒兩年就要五馬分屍，這是犯了什麼通天的大罪？造反，慫恿朝廷大臣造反。

拉拉公主生性好動，活潑可愛，在她的部落連女人都可以當王的，原本她的父王就是要讓她當王的，只是一次的朝聖愛上了中土這個富裕的地方，更糟的是還愛上這個斯文又靦腆的當朝護國將軍。

雖跟心愛的人在一起，但是總是想起在自己國家的自由和隨性。愛交朋友的她，在這個異國也從不諱言的告訴別人，自己如果不來這，就是一國之王。言行舉止散不去過去的英姿，眼神充滿了自信，說出來的話，總是對國家治理的想法。就這樣傳來傳去，傳到通敵叛國，傳到造反，傳到自己要上午門還不知犯了什麼罪。而最不堪的是，下這個指令的就是她心愛的護國將軍。

將軍能怎麼做？明知她沒有任何的叛國之意，可是在朝廷之上，眾口悠悠，他堵得了大臣們的口，卻無法控制皇上心中的不安。大明例律就是五馬分屍。

當妳的肉身支離破碎時，妳的靈魂也因疼痛害怕而魂飛魄散。

將軍心中大喊，我們來世做夫妻吧！但誰能救救我的愛妻。努力誠心的祈求上天能給她一個機會。就這樣，九天玄女救了她。

這是我一個訪客的故事，現在每週都會來聽開示。學習道理怎麼告訴別人，剛開始我並沒有告訴她什麼原因身體怎麼會痛，也沒有告訴她這個故事，我很害怕嚇到她，怕她無法還九天玄女的救命之恩，只有請她學習怎麼調氣，怎麼讓她體內五行定位，畢竟那是前世的故事。如果真的還不了這個恩情，那麼我也會幫助她用交換態度的方式來完成這個曾經。

可是她真的很棒，聽完開示明白道理後，她願意用說道理的方式，來完成這個恩情。現在歡喜八方的開示課程，會看到她用細細柔柔的聲音，來告訴我們紅塵的開心生活。公主、工程師和我的學生如如都是沒有天命的通靈者，如今在還沒有正式接助人這份工作，他們要學習的都是天道，直到有一天，明白了開心、心想事成。他們都會是歡喜八方的正式代口老師。

通靈做什麼？

現在大開通靈門，任誰都可以通靈。在我們的空間，原本就是有形和無形共存，只要心念動，很快的就可以跟無形的磁場接近。什麼是心念動呢？就是有心修，想要求，就會跟無形的磁場接近。所以很多人都會有所謂的敏感體質。而當我們有通靈後就覺得，有這個必要替眾生做事，這是什麼？做好事，因要幫助云云眾生。

我是個自私的人，但我知道我不貪，也算是善良，沒通靈前，我只想著自己何時能成功？何時能有錢？如何做好讓父母開心。通靈之後，也不覺得要幫人什麼，不過就是一份工作，老老實實的把師父們的道理傳達出去，我清楚我通靈有牌，可以上天下地的牌，但那只是方便做事而已，沒有表示說我要用那個無形的令牌救人，自從我感應的第一天開始，他們就清清楚楚告訴我，我的能力是什麼，我有什麼工作。而我的工作就是說道理，換言之就是開示。

通靈之後，我也是想著自己何時成功？想著自己何時有錢？如何做可以讓父母開心？現在，只是多了一些私心，讓自己的學生，讓認真做道理的人有好日子過。

還是一樣，沒有想要救人。

可是自從出書後，有讀者問我，妳怎麼不救人？哈……我自己都救不了自己了，還救別人呢？師父們教的道理都做不好了，還救別人呢？花時間去救別人，自己生活不要顧了？你總不能說道理的人，做不了道理。說道理的人，自己生活都顧不好了，你又憑什麼要人做道理，這可是我的工作耶！自己的工作都做不好了，師父們要我以身作則，自己都不好了，還救別人。我們要先把自己做好。所有通靈的人都要這麼做。我們不可以修的生活越來越不好，說到這……很多通靈的人，請問你們的生活，五倫關係有越來越好？你們有越來越開心？你們的神明有保佑你們發大財？如果沒有，重新調整自己吧！收起你們的菩提，先把自己的五倫關係做好吧！

師父說，菩提有三，一是把自己做好。二是教人做好自己。三才是大願。大願是什麼？大願才是救人。

什麼又是把自己做好，拿什麼把自己做好，「孝道」中的道理。（第一本書靈的世界已有說明）

師父們告訴我，通靈只有兩個目的。一是學習智慧，二是把身體調好。

如何學習智慧，又為什麼要學習智慧？很簡單，雖做人的道理人人都會，可是隨著社會的變遷，道理的價值觀越來越不明確，似是而非的現況越來越多。所以，神佛們大開通靈之門，自己問答案。

二是把身體調好。師父說，紅塵是做功課考驗自己的地方，紅塵是求財求情的地方，如果身體不好，求什麼也求不到，做什麼功課也都沒心，所以紅塵的肉身健康是很重要的。

通靈的目的，就是讓我們有足夠的智慧及好的身體在紅塵做功課。並不是每一個通靈的人都有使命。都有責任幫助別人。紅塵是要把自己的功課做好，每一個人來紅塵都有功課，每一個人來紅塵都有天命，而這個天命是什麼？這個天命就是修身、齊家、治國、平天下。用孝道的道理來完成。

在我的訪客中有通靈的不少，可是有天命的卻不多。我的學生大部分都已經通靈了，但有天命的目前看到的只有一個，是不是日後他們會有牌，我也不知道，我只知道，現階段，他們要不斷的學習感應，每日反省自己的性格，用通靈的方法，看到自己的盲點，改變自己日積月累的毛病。把自己做好，讓自己每天開心，開心的看到自己的問題，開心的一天進步一點，開心的找到方法在紅塵一關一關的過。有沒有來生，會不會回天，不是很重要，無形的事只有往生才看到的，不就是把握當下，開心的心想事成。

除了學生通靈之外，也有過去在宮廟靈動的朋友一起學習，學習感應佛祖給的智慧，學習如何讓自己的身體健康，學習讓自己更認識自己。

竹北學生　小芬

我滿意自己目前按部就班的進步，我滿意自己目前逐漸明白道理的踏實感，我滿意自己每天踏出一小步的自己，我滿意自己的口所傳遞的種種道理，我樂見朋友和我一起努力的改變，我樂見看見他們因成長而展現的笑容，我樂見他們家庭幸福的快樂，我期許自己累積智慧之後的美好，我期許自己朝向目標更邁進，我明白未來的成就在於自己現在的努力，我明白沒有人比我自己更清楚自己。

在歡喜八方已有一年多了，感覺自己變得很不一樣，突然之間雙眼變亮了，看清楚了自己，知道方法改變自己，明白自己的優缺點而加以發揮或改善，最令人欣喜的是，目前是平靜且穩穩地走向自己要走的道路，感謝Carol老師的指導及神佛們的護持。

沒有神佛護持妳，看到妳從沒有耐心又急速的表達心中的意思，到現在總是慢而有條理說出開示的內容和自己的反省。妳明白自己要修正的是什麼？妳勇敢的接受別人的批評，這可是妳心中莫名的高傲所不允許的，知道妳過的很辛苦，知道妳有一個不能說的秘密，可是妳走出來了，妳已經可以侃侃而談自己的缺點，現在妳是新竹固定的代口老師，看到妳拿著自己的故事，告訴每一個人努力的過程，溫柔的態度和聲音，相信不久的將來，妳一定會得到妳的真愛。

來自西方天使歡喜的告白

兩年前一個偶然機會認識了Carol老師，得知自己的元神竟然是來自西方的天使。心想怎麼可能？我的英文又不好，怎麼會是阿兜ㄚ？接下來，老師又告訴我，我這輩子的功課是結婚。哇~早知道就不來了！【結婚】這個名詞已離我好久遠……對婚姻我一向抱持一切隨緣不強求的心態~

直到去年某一個月，從事業務工作的我，無論多努力就是遲遲不能成交。心急如焚的我，還是迷信的跑去問老師怎麼會這樣？老師查了一下笑笑的告訴我說神佛拿妳最在乎的事讓妳遇到瓶頸。就是要妳去面對妳的功課。別擔心！妳去參加未婚聯誼，業績就會進得來。聽完這些話的我，當場是無言又傻眼。隔天坐在電腦前，心想為了業績就姑且試試吧！上網找尋未婚聯誼的社團詢問活動內容……

隔天，客戶打給我說他接受我的理財規劃，問我何時可以過去簽約？哇……真的太神奇了！趕緊跟老師分享成交的喜悅，老師說雖然我們沒那麼快完成功課，但神佛講究的是態度，態度做出來，一切水到渠成。

但要如何開心找到另一半？對我而言又是一門深奧的功課，真不知如何是好？

後來得知歡迎八方每個禮拜都有神佛說天道，教導在紅塵的我們如何做天道，長智慧。讓生活變得更美好。

師父說，我們要如何找到開心的另一伴，首先是認識自己，而找可以幫助自己成長的另一半那才是真正的另一半。

上天給我們兩個眼睛，一個是臉上的眼睛，一個是心中的眼睛，而當我們用臉上的眼睛找另一伴時，別人也用心中的眼睛在看你，所以當你努力在找另一伴時，而自己怎麼做一個好女人或者是好男人。過去全是媒妁之言，而未婚男女只把自己做好，男的努力工作求取功名，女的織布繡花，自然會有人介紹未來的另一半。現在也是，如果別人覺得你很好，也一樣會有人幫你介紹而不用你去找，是讓別人找你。

把自己做好，另一隻心中的眼，就會看到你，把自己做好，讓別人的眼看到你，這樣就可以找到自己的另一伴。還有什麼方法可以讓自己找到開心的另一伴呢？當然是把自己做好，男的做好男的特質，女的做好女的特質，這才是最重要的。當我們要開心的找到另一半時，我們要先準備好自己，師父又說，當你準備好時，你所散發出的自信，就會找到最適合你的另一半。

現在的我正在加強女生特質，期待心的眼找上我。祝福大家都可以找到自己的另一半，開心的完成紅塵所有情的功課。

這個學生有著女人的外表，男人的性格，每次說話都大剌剌的，再加上一直以來靠著自己的努力，在工作的成就不輸給任何一個男人。性格直爽，從沒把自己當女人看。女人應有的嬌柔一點也沒有。碰到的情感，就只能挨打的份，進了胡同怎麼也走不出來，所以長期的封閉自己的情感，自己怕受傷，也怕再也經不起一次的傷害。

這個西方的天使，修身、齊家、治國的功課做完了，唯一剩下的只有平天下這份功課。平天下這份功課，其實就是傳承。一個女人有再好的事業，還是沒有教自己的子女做好人做好事來得重要。而她就是要做這份功課。

過去的玟君，扛起家庭的責任，家和萬事興的觀念早已根深蒂固了，如今，做起平天下的功課，就是縮短紅塵的時間，讓她傳承和齊家一起完成。

小薇是我收的門生中排行第八。

當Carol老師告訴我也會通靈時，心中浮現許多問號，「為什麼要通靈？」、「怎樣的情況下是通靈？」、「不都是自己想的嗎？」……，我掉進了問題的死胡同裡轉不出來，又在來自家中傳統宮廟的長久薰陶下，認為神明降臨，就是要經由乩童起乩才能傳達不是嗎？許多疑惑等待解答。

有一次婆婆遺失了一樣很重要的文件，整個家都快翻遍了就是找不到，婆婆打電話告訴我他們放棄了，於是我抱著半信半疑的心態，開始通靈提問，告訴我的是彌勒師父，那文件不偏不倚的就在師父指示的地方出現，更玄的是那地方婆婆已經翻了好多遍了，根本就不想再找，但文件就是出現在那。

慢慢的我接受這樣的體質，開始到「歡喜八方」的部落格看文章，或去聽開示，有時也要為師父們代口開示，這將近快一年的時間，漸漸體悟出師父們為什麼要我們說道理、做道理，要以身作則的重要，事實上師父們是不希望我們迷信的，只要求我們把自己做好，做到我們自小就學起的「修身、齊家、治國、平天下」，若不會、不懂，就到「八方」聽開示學方法。

在「歡喜八方」裡，大家就像一家人，不分彼此的互相激勵和扶持，在這我心靈上成長了許多，跟家人的關係也更好了，謝謝師父們和Carol老師。

小薇是我的門生，但我卻沒告訴她，她的元神是什麼？我總是告訴她時候未到，她也沒關係，只是聽道理、做道理而已。

小薇有一個兒子，具有一雙可以看得到無形靈的眼睛。兩人感情很好，總是嘀嘀咕咕的說無形靈的看法和想法。怕她知道太多，對她和兒子也不好，所以就請她做道理和代口就可以了。

但是我知道小薇有一個特別的任務，而這個任務就是把孩子教好。小薇是個守本分做好自己紅塵角色的人，所以她很多的時間是在相夫教子，侍奉公婆，一個好媽媽、好太太、好女兒、好媳婦，這就是每一個女人該做的功課。

打坐不等於通靈

很多通靈的朋友都有一個過程，就是打坐。

為什麼要打坐？打坐只是讓我們學習專心。我曾經聽過有人打坐會靈魂出竅，也有人說坐不住，有人是放空，到最後小睡片刻，然後自己告訴自己打坐很舒服，當然啦，每天這麼累，生活壓力那麼大，能放空自己小睡一下，精神不好才怪。也有人打坐會調氣，把氣功的觀念放到通靈來，變成通靈一定要打坐。

我也不喜歡打坐，坐不住，會亂想，會小睡一下，都是過程，可是打坐真正的目的就是學習專心，學習專心的感應神佛們給你的智慧。

打坐還有一個目的，就是調五行。

什麼是五行，就是水、金、土、木、火，在我們的大自然是由太極運孕而生的，也就是任何生物都有所謂的陰陽，任何的事物都有所謂的正反，也任何看法都有一體兩面。而我們的身上也有太極，也有陰陽，也有正反，也有一體兩面，長期的生活飲食不正常，長期的壓力，讓我們身上的太極大亂，所以我們會生病。我們的身體出現又冷又熱的現象，男人不會，女人會，女人會的原因是身上多了一個子宮，它是陰的，所以特別明顯。很多女人都會有這樣手腳冰冷的情況。但男人會出現痛風的現象，就是氣血不順。

這就是五行大亂。所以我們通靈還要學習把身上的五行定位，把身上的毒排掉。

太極跟五行有什麼關係，五行定位，太極生風，太極生風，陰陽調和，陰陽調和，一切平和。

通靈有兩個目的，一是求智慧，二是身體健康。因此，通靈打坐是要讓我們學習五行定位。

五行如何定位，很簡單，就是鼻吸口吐氣息。氣聚丹田，再慢慢吐出，每次從一到十的速度反覆的練習。而當我們五行定位後，任何的外靈都不可以靠近，我們也不會因通靈而有所謂的走火入魔。讓外靈隨意的進出你的思維，只有五行沒有定位，太極大亂才會發生不認識的靈在你的身上。

這樣的觀念很簡單，如果你的身體是一個堅固的城堡，沒有任何靈是可以進入的，而如果你的身體是一個隨意的進出門，那麼任何靈都很樂意透過你來說話。

當太極在我們的體內生風時，我們還可以學習太極幫我們調身體不好的部位。而只要我們專心感應，身上的氣流會告訴我們身體哪兒出了問題。

很多人通靈後，就認為就是通靈了，可以接收未來的訊息，而忘了或不知道要調五行，造成自己隨時被干擾，這是不對的，通靈的人要練，要調五行，把自己的身體練好。

現在大開通靈之門，神佛們都很願意給我們一個好的身體和一副好的頭腦，但要練、要做、要學習。

一副好的頭腦要學專心，要讀書，要感應。一個好的身體要定五行要打太極。

我的學生要讀論語，從論語中反省自己不足和要改變的性格。

我的學生要打太極，由神佛們派武術小師父每日教導他們。

他們很認真的在做這件事，每個人都很開心，有的人身體氣血通了，手腳熱了，便秘也改善了，有的人連結石都排出來了。看到他們都有收穫，很感謝在這一生有這個善緣。

什麼是末法？

釋迦佛祖示

末法只是換人接　功成身退要開心
末法說成是末日　嚇得門生都回門

彌勒佛祖示

末法只是換人做　不用擔心又害怕
新法只是講人心　不是科學和文明
新舊之法大交換　有了人心得新法
新舊之法大換盤　去做就有莫心急
新法之好在於己　新法之好在於人

莫管新法何時到 就是道理在滿足
神佛早已準備齊 有做有得新法門

老君示

新舊法搞得我老君真是難為
再怎難為也是新法不能不從
如今只能再問鬼怪讀書與否
只好老君門生不斷開堂授課
再次求得學習道理投胎轉世
修得紅塵開心一切功課圓滿

觀音示

紅塵之法回歸人性 人心沒有新法難為
通靈之門大開眾生 眾生通靈可過末法

末法之時人心惶惶　唯有自己方可過門
想要過門認識自己　改變自己回到未來
如何改變忠於道理　道理不明日子辛苦
何是道理天道而已　何是道理角色而已
只要末法心中有理　日子一樣開心可成

帝君示

末法不過眾生得道　搞得末日人心惶惶
末日不過重新啟動　啟動態度一生開心

母娘示

末法末日都是回門　就是開心心想事成

四面佛祖示

不知末法與我何干　不就不管不理好好過日

如今擔心末法末日 不如好好當下正念開心
如今擔心未來難過 不如好好去做換得成果
末法末日不是重要 全是紅塵藉口換得心虛
想想我們做了什麼 多說不做才是末法末日

什麼是末法？就是舊的修行方法。個人對宗教沒有什麼觀念，過去沒有通靈之前沒有信佛，現在通靈之後也沒有讀過什麼經書。但是不知什麼原因，總是會從朋友哪兒得到一個訊息，就是釋迦佛祖要往西方極樂世界去了，天盤將由彌勒佛祖接盤。在沒通靈之前跟我一點關係都沒有，通靈之後跟我也沒什麼關係，我的工作只是把新法傳出去就好了。新法就是開心心想事成。

但是，釋迦佛祖在盤的時間數萬年，對其紅塵後代影響這麼大，該如何讓他們明白如何進階的進入新法的時代呢？

佛祖說，末法只是一個階段任務的結束，我們從說道理，到開修行的方便門，已經告一個段落了，現在要的是做道理和方法方便門。

末法的結束，並不表示道理不存在，而是做道理的開始，而我們總是習慣過去的方法，即道理的存在。就佛教而言，舊法的修行是不斷的唸經，找到心中的平和。就道教而言，我們舊法是聽信神明的指示，超渡因果。

末法就是一個新的階段的開始。

我的好朋友小玲

在認識Carol前，聽到神算、通靈人士總有些躍躍欲試，但又擔心被當凱子削而再三猶豫，進了書局也只挑些命理、運勢分析或風水的書，糊裡糊塗地選些自己想相信的，心想著——照著做就會發財的書！結果，蹉跎多少年，也還是差不多而已，久而久之，開始對人生到底在追求什麼起了疑問；直到兩年前聽到Carol這位與眾不同的通靈師，我主動要求想認識她，因為她只收取合理的費用，而且不希望訪客一再花大錢問事，希望訪客都能懂道理、行天道而真正開心地走紅塵。

現在，我不再打聽哪裡有神算、也不費心找尋命理及運勢分析書籍，只會固定去歡喜八方聽開示，聽如何實踐五倫、如何修身、齊家、治國、平天下，一再自我反省並修正想法與做法。聽了這麼多堂的開示，漸漸地瞭解到，其實紅塵路走得好不好端看自己是否能開心地走，走得好不好和做道理有關，財多少並不是唯一影響開心與否的因素，就像神佛們常說家圓（因為男女特質做足了，自然家圓、事圓、人圓），才是關鍵。雖說紅塵不外乎求財與求情，其實那只是為了讓人們有了努力的動力，真正要我們努力實踐的是求的過程，也就是做人做事道理的實現，就是行天道，而一如每次開示的課程，就是要讓我們磨好自己的工具（知道方法與方向），讓我們知道如何做、如何修正或應怎麼做，就是彌勒師父常說的開方便門給我們。

最近有位親戚告訴我先生，她贊成我去接觸歡喜八方，雖然她不認識

Carol，但她看到我對家人無怨無悔的付出、對公婆態度的轉變及對人生充滿希望與自信，她相信歡喜八方是個正且善的地方。

我們常聽開示的大夥兒，總覺得認識Carol是一件很幸福的事；歡喜八方開示課程不同於一般宗教團體，我們沒有任何儀式，就像朋友聚會，歡迎你的加入。

小玲在歡喜八方是頭號迷信的人，時常問題問到一半，自己就問不下去，很好笑。她很吵，有個爽朗的聲音，她拿一張整理很清楚的股票進出明細表給我看，問我，多少錢可以賣，我也很認真的感應告訴她多少錢可以賣，可是從來沒準過，她很支持我的還一直問個不停，兩年來大約問了五次左右。直到最近，她不問了，她慢慢懂了，問也沒用，自己做好最重要。

在歡喜八方的訪客她是問題很多的人，有時在開示時問，有時在信箱問。但她除了問股票之外，問的問題都是對家人的關心。

我覺得她是把自己的本分做的很好的人，她的家裡很乾淨，對子女的教育親力親為，她是他們家的一家之主，可是卻把先生服侍的好好的，她的先生只要聽她的聲音過日子，不用花太多的腦筋。她對她的母親很關心，總是擔心她的身體。有時我也在想，如果她是師父的代口，應該師父會很高興吧！我做不到的以身作則，她全都可以做到。只要師父教我們的道理，她聽明白後都會去做。

案例一

原本就是修家園　功課難做這一項
一生都是為了他　忍氣呑聲還是他
如今智慧看不到　只好拼命做功德

功德何需再次做　功德累世才能拿
若是想要做家園　起身從做女人質
女人特質很重要　男人沒有不喜歡
又躲又閃如何做　不過就是拖時間
今生如果不會做　來生又要重學起
不如今生好好做　修得家園真開懷

真的每天不知怎麼過日子，先生每天跟公司的主管公然出入，兩人共同打拼的事業，就在日趨穩定之際，先生竟跟著另一個部門主管暗通款曲，度日如年的日子已讓美佳瘦得不成人形，時常躲在角落暗泣，氣不過，就在公開場合玉石俱焚，周而復始的日子，就這麼過了三、四年。直到先生的小三有了孩

子，這個晴天霹靂的消息，終於決定離婚是最好的結果。

正當決定要離婚時，先生又回頭給我承諾，給我房子，給我車子，要我相信他，他最愛的人是我，給他時間讓他處理他現在的兩難。

美佳過去不論怎麼吵鬧，從沒想過要跟先生離婚，白手起家的事業，如果不是先生的認真，如果不是他的負責，如果不是他對他家人的照顧，不會讓美佳用吵鬧和哭泣的方式留下他。我們一起走過的努力，如今拱手讓人，說什麼美佳心中的怨恨有太多太多無法釋懷。

美佳是個善良又可愛的女人，雖先生已經跟別的女人住在一起，但是也沒有離婚，身邊的人都替她抱不平，但回頭想想這樣的男人，哪個女人不喜歡。美佳的先生事業有成，相貌出眾，風趣多金，一個有事業又壞壞的男人。像這樣的男人就算妳是正式夫人，也要有相當的聰明才智才能綁住妳的男人。

美佳總是替別人想的比自己多，時間久了，只好找自己可以解脫的方法。美佳開始唸經迴向，美佳開始做義工，美佳開始努力工作，可是心中最痛的那塊還是沒有解開。先生還是沒有回來，空有一個大房子，只有一個當兵的兒子不能回來，女兒也在外頭住，最小的兒子正要考高中，他也不能分憂解勞。美佳把全部的心力放在義工上，至少忙的不會想，至少跟神明在一起不會害怕，至少有人陪我過每一分每一秒不安的時間。

美佳是個想通靈又不敢通靈的人，以為通靈可以看到未來，以為通靈會看到阿飄，以為通靈會走火入魔。

我也不贊成她通靈，因她太有所求了，太有所求的人也不適合通靈。但是美佳可以來學智慧，聽開示。美佳的功課是家園。這個對於先生都有另一個家的人，多麼難的事。師父說過，如果功課做不好，那就換一個人做功課，但美佳沒有其他的功課，美佳也不願意換人，這就是她的固執。一個固執的人是沒辦法做好功課的。美佳應要學習的是女人的特質，還有女人的權謀。

曾經，我跟美佳說過，妳要妳的先生回來，妳卻沒有時間陪他，也對他冷言嘲諷，他就算想回來，看到妳的態度，他也不敢回來。可是好難哦！想到這麼多的痛，怎麼可能一時全忘掉。想到這麼多的痛，見了面不讓他明白我的感覺怎麼可能。可是好難哦！想到他的背叛對女人而言是最大的污辱，我的自信全沒了。

可是妳的目的是什麼？妳的目的不是要他回來？任何一個權謀都是為了目的。當年勾踐復國還去敵國洗馬呢！妳清楚妳的目的？妳的先生這麼優秀，多金、風趣、會照顧人、事業有成，哪一個小三不要。這樣的男人不是妳要而已，女人都會想要吧！如今妳只能讓自己變得更聰明，更會勾引妳的先生。勾起妳和妳先生最美的回憶，運用智慧、運用兒女的力量讓他回來。

美佳這麼難的功課，妳做了嗎？妳堅持做了多久？

就是這樣，這樣的人太多了，所以上頭大開通靈之門，讓我們自己做自己的功課，讓我們求自己把自己的功課做完。求神一點用都沒有。我們唯有改變我們自己的態度，才有可能達到我們的目的。

末法的現象

就大自然而言，就是不斷的天災發生，這是我們無法控制的，它就是在調節我們的大氣，可是大氣有洞，所以只好用地調整，因此海嘯和地震到處都有。

就人性而言，沒有自我，沒有未來，沒有自信，沒有主動，沒有道理，沒有倫理，因此患有心病的人會越來越多，文明病除了身體的病痛之外，就是心理的矛盾。

就宗教而言，就是末法。而最讓人不可思議的事，就是誰都可以是神明的代表。完全無章法可言，而只要是通靈就可以是神明的代表。

就靈界而言，就是鬼怪出籠，身邊的怪異事件多了，各神明開始忙得不得了。忙什麼呢？忙著收拾這些鬼怪。除此，每一個靈怕趕不上新法的路程，開始逼肉身，一定要接受接天命，或者替神做事，而發生在我們的身上就是全身莫名的痛，或者就是突然的生病，或者說是因果病。

就我們的身體而言，就是不明原因身體不適，醫生怎麼查也不知什麼原因，所以一天到晚跑醫院檢查。

坐在我面前的是一個美麗的熟女，她說她不記得從何時開始，他的身體隨時都有外靈可以進出，她跑過很多的宮廟來解決這個問題，但都沒有多大的用處，直到去了一個老師父哪兒，幫她把她封起來，應該說幫她協調她可以過日子吧！她一段時間就要去老師父哪兒協調這件事。也相安無事一段時間，直到她的妹妹介紹來我這兒之後……

記得她第一次來時，她就告訴我她很不舒服，她說有人要上她的身。我查了要上她身的靈是一個小朋友，是天上的小仙童，因要保護這個肉身所以要在她的身上。祂說，如果祂不在她的身上，她會很危險，我告訴祂，仙童應該回去讀書的，到紅塵來做什麼？祂說，祂不要讀書，還罵我，我們吵了一會兒，這個小仙童真的天不怕地不怕，最後我請天尊把祂綁起來帶回天上去。

我開始真正的調她的靈，查她有什麼功課或使命，怎麼會是一個進出門？她是觀音的分靈，主要的使命是幫觀音觀察紅塵的夜生活，所以這個肉身是晚上工作的朋友。她當時接的就是舊法，所以她會讓靈上身。

在她身上發生了很多在歡喜八方的第一次，也由她開始，才明白什麼是舊法及舊法的現象。

在歡喜八方從沒有乩身可以上身，我們時常的說道理，請別人做道理，但是一直都是我在說，訪客們看不到無形的空間，也感受不到做道理的重要。因此我請她來八方，讓我們的訪客看到，真的要做道理，幫我們驗證平時我們要他們做道理。所以她是第一個在開示時出現的乩身。

在我前面的是熟女，可是她卻跟我要檳榔吃，要菸抽和問我有沒有酒可以喝的人，她把腳翹在椅子上，不斷的抖呀抖，頭斜斜的看著我，說話時下巴是朝天的。他告訴我，他死在一個大排溝中，是一個膽子很大，也混很大的一個兄弟，我問他什麼原因死在大排溝？他說就是殺了一個大哥後，在跑路期間又讓朋友出賣所以他死在溝裡。我問他，氣不氣，他說他要報仇，說到生氣時，還會露出兇狠的目光瞪著我。我問他什麼原因要走上這條路，他告訴我，沒辦法，沒錢沒讀書沒父母，如果不狠一點怎麼生活。我又問他要不要投胎，他說他不要，他不要做人，他覺得人是不可以信任的。我們聊了一陣子，內容都是他當兄弟的風光偉業，最後，我問他，那你想做什麼？他說他想當一個將軍，讓很多人都可以聽他的。我跟他說，那你要讀書哦，將軍是要足智多謀的，他又說他不要，談了很久，他對於他的未來並沒有很清楚的規劃，最後，我問他，當天兵好了，可以學習將軍的路。他同意了。

這時，我眼前的熟女清醒了，又是一個美女。

不到一會兒，她說，老師又來了，還沒說完，就開始哭泣，不斷的說，好痛，救我。我問她怎麼死的，她說上吊死的。我問她，什麼原因上吊呢？她說我沒有真的想上吊，只是男朋友不理我，我想嚇嚇他，沒想到真的死了。

我領的是開示牌，所以我必須讓她知道一個錯誤的人生，要如何改變，要用什麼態度才可再投胎，不要再犯同樣的錯。

她不斷的啜泣，像一個犯錯的小朋友。最後她說，她不會再任性了，她會學習好好的溝通，會尊重自己的生命和身體，她想多讀書學道理。我告訴她，她在下一次會投胎到一個愛她，又疼她的父母，但是那一世是沒有錢的，可是她卻有滿滿的愛，我問她，願意？她願意，而她在下一世之所以會沒有錢的原因是把錢都給了我，而我用她給我的錢請菩薩帶她走。

當我請菩薩帶她走後，我請坐在我眼前的熟女喝一點水，水還沒喝完，又來了一個。

這會兒，是大聲的哭，邊哭邊說，我好苦哦，我怎麼這麼苦，我一生努力的做好媽媽的角色，對先生好，對孩子好，從來都沒有休息過，我做牛做馬，做一個傳統的女人，我哪兒錯了，我為什麼往生後，我還不能投胎，我好苦哦，我真的好苦哦。

乍聽之下，沒錯，怎麼一個好媽媽、好太太卻不能投胎轉世，我查了一下她的功果簿，原來她是做的太好了，做了一個好媽媽，卻出了一個好吃懶做、茶來伸手的兒子。

做了一個好太太，卻讓他的先生不賺錢養家庭。在世時，她幫她全家擔了所有的事，到了晚年，又受到病痛的折磨，當她往生後，看了自己今生的本子，她說她好苦哦，她說她不要再做人了，她好苦哦。我說妳不要做人，那就把妳的功德去買個菩薩位子坐吧！先去讀書學道理，日後才可以幫助紅塵。她同意了，我用我的令牌請了一個大菩薩，讓她跟祂去學習了。

當每送走一個靈，熟女就立刻恢復了正常。這時，你會覺得自己好厲害哦，真的是出口成令。平時只是感應，自己也看不到，也聽不到，如今來了一個乩身，從她的身上，驗證到自己真的能上天下地的命令無形的神明工作。覺得自己好神哦！好棒哦！

這就是末法的現象。往生後的靈界規矩。神明的了不起。這些加起來就是迷信。

坦白說，那個過程我有一點害怕，我很怕它起身打我，也害怕送不走它。過去我也從沒有這樣的經驗，可是我知道就放輕鬆認真感應神佛們的道理就可以了。

那個親身經驗的過程，我相信師父們只是讓我們明白真的有無形靈的存在。但最重要的是，對我又是一個考驗。

還好，我很明白自己的角色是什麼？就是一個代口而已。如今，當我有這樣的出口成令的本事，我會不會自大？我會不會有貪念？我知道我過關了。

其實我並不喜歡處理往生的靈，或者做無形界的判官，因我知道我拿的是開示牌，就做好自己的角色就行了，雖在出口成令的當下，覺得自己好神哦，可是要跟無形的靈溝通是一件很累的事，它們不是很明白道理，也聽不懂你跟它說的道理，我不是一個很有耐心的人，這樣的工作，還是交給神明或宮廟來做好了。在無形的靈界，每一個人有每一個人的工作和角色，我們不論在紅塵要學習尊重，在無形的空間，也要尊重所有的神明。

什麼是新法？

釋迦佛祖示

舊法我帶走 新法彌勒成
一切都是做 做能成圓滿

彌勒佛祖示

看我就是大乃肚 一切都是來尊重
尊重肉身紅塵做 尊重肉身做紅塵
只要去做都可成 新法就是開心成

老君示

舊法之靈收不完 學習放下我沒事
只要不明我就收 忙得老君累翻天
新法都是神佛身 就是開心心想成

觀音示

新法一切很簡單 開心放下心想成
新法真的很簡單 紅塵道理來明白
新法實在太簡單 只要五倫即可成
新法早已通天下 心正念正就開懷

帝君示

新法全部沒神佛 只有道理滿身做
新法沒有神佛說 只有自己是神佛

新法在於天地合　代表尊重放第一
如今紅塵無尊重　只好收回再教學

母娘示

沒有舊法只有新法　明年十月天盤關門
所有門生快做道理　回頭放下紅塵抱怨
只要開心都可圓滿　佛位早已等你入座
莫要擔心新舊交替　不是開心一切都成

四面佛祖示

新法就是來交換　肉身做足再交換
如今沒有天降財　只有功德來交換
何是功德來交換　就是五倫常情好
如今沒有前世情　只有方法願意做

新法真的很簡單　肉身開心有正念
新法實在太簡單　道理做足即可成
何是道理來做走　天道孝道箇中情

在佛祖說了數千年之後，紅塵的道理不再用說了，紅塵只有做出道理。很多人不相信自己的能力，原因出在道理不清楚，因此新法大開通靈之門，誰都可以開啟自己的智慧，和神佛討論，智慧是什麼？就是經驗和學習。只是很多通靈的人不知如何和神佛討論反省自己，只是想幫神佛做事。這樣神明會對你不斷的訓體，目的只有一個，就是讓你的磁場跟祂接近，這樣才可以請你幫祂做事。只有舊法才會訓體，新法是不訓體的。新法是不可以神明上身，因尊重。

新法是天、地、人合一，要天、地、人合一，首先要做的態度就是尊重，因此新法神佛是不能上身的，新法神佛只能讓你感應，感應什麼呢？感應道理的是非。

新法是什麼？新法就是只有道理，沒有神佛，因神佛就是道理的代表，過去是這樣，現在也是這樣，只是過去跟神佛求，神佛慈悲，所以有拜有保庇，新法不可以，新法只有交換做道理可以得到你想要的結果。

新法是什麼？新法就是用心去做道理，但是做道理好辛苦，一個人做道理很辛苦，所以要開心心想事成。也就是道理在心中，不論外在的環境如何，就是開心的接受，開心的去做。這就是新法，要交換做道理換得我們紅塵的好過。

這樣的觀念和態度，不用通靈請神佛告知，我們從近十年的人文文化就可以知道新法是什麼。

在書局的排行榜我們可以得知，過去暢銷書都是電腦或語文工具書。現在的暢銷書是心靈成長的書。過去的心靈成長書籍是由成功人士寫的多，現在是由通靈者寫的多。其中最近是更明顯，而西方的通靈者寫心靈成長的書籍更是近期的暢銷書。什麼原因西方的通靈者可以寫出新法的重點呢？因西方的宗教，早就把五倫關係放在宗教的規定中，就好比在基督教裡的教徒彼此稱謂是兄弟子妹。在他們的聚會叫做家庭聚會。在長期的經驗學習後，他們的靈通者必定比我們的通靈者感應還要快，因新法的感應是由肉身的經驗而感應道理的。

在新法中，除了個人的反省修身外，家庭是我們最重要的功課。神佛們不斷表示，新法，開心心想事成。所謂的開心是什麼？就是有正念。相信自己可以完成對的事。因此新法就是要自己去做。做什麼呢？就是把自己做好。

新法重回到中華傳統文化，也就是說四書五經就是我們的道理，也是新法的道理。但四書五經離我們太遠太遠了，遠到忘了如何做，遠到不記得它曾經就是讓我們活的好好的方法。因此新法只是讓我們明白的去做我們本來就要去做的事。新法就要是我們把五倫關係做好。

很多在宮廟學習好久的朋友們，真的先生有比較愛妳？真的孩子有更聽話？真的婆婆更疼愛我們嗎？真的錢財有比較多？還是只是求一個和神在一起的心安。

新法是道理在心中，神佛只能給你智慧要你自己去完成你心中每一個心願。我們可以從讀經找到安定，可以從經文找到智慧，我們也可以從靈通找到方法，也可以從書本找到智慧，我們可以從拜拜找到心安，我們也可以從道理找到心安，但不論從哪兒得到心安和智慧，最重要的都是要自己做才能得到。

爸爸媽媽的魔豆～在八方裡面成長了～

會來到八方是一個美麗的意外，說來要謝謝Carol老師的妹妹，她是我嬸嬸的好朋友，這個機緣就在她來工作室跟我心靈開導時種下的。

我從小就是一個喜歡挑戰跟冒險的孩子，說坦白一點就是反骨又叛逆。加上社會上對我身為老師的女兒的刻板印象，使得我的反骨個性又放大了許多，我的父母教育我這件事，根本就像盤古要開天闢地一樣，充滿心酸汗水與血淚。

如果要用比喻的話：歡喜八方是時機，我的父母是土壤，道理是養分，Carol是水，環境是陽光，八方裡的朋友們，就是在身旁飛來飛去敲鑼打鼓當啦啦隊的小精靈；就在這天時、地利、人和的完美條件下，我這個冥頑不靈，待在土裡不想長大的小種子，終於開始破土而出慢慢長大了。

既然我身為魔豆，就要有雄心壯志長到天上去，於是我開始收集需要的或是更多的養分，就在這時候我發現了一件恐怖的事，如果營養太多也會死掉！

沒錯！我開始懂了，原來道理是需要被消化的；往往我們都會覺得聽了很多道理，也許你覺得你懂了，但你並沒有去做，或是當你成長的速度並沒有跟你得到的道理成正比時，我們就會困住自己，無法往上伸長。

這時候稍稍的放慢腳步，整理一下自己的心，勇敢的面對加上反省一下自己，如果會發現很多不足，那就要恭喜自己，代表你還有繼續成長的努力跟空間，如果還是什麼都沒有發現，別忘記喝點水，再加上身邊有很多小精靈他們會陪你一起去找出答案。

這就是我眼中典型的八方文化。永遠不要忘記成長，勇敢的去面對成長，開心喜悅的接受成長。千萬不要忘記還有一群不管有形、無形，隨時打開心胸陪伴你一同成長的夥伴，你不會感到孤單，因為溫暖就在你身邊！

這個魔豆來歡喜八方已經有快兩年的時間，真的，一看到她，就覺得，還好不是我的女兒。她太多感覺了，她太多想法了，活到二十歲還有一大堆的為什麼？真不知她的父母花了多少的時間來教她，和她溝通。可是，說真的，這個孩子還教的真好。有自己的想法，善良，替別人著想，很努力的在找自己的前程。

她最棒的是，知道自己要什麼，這真是難得，如果一個人年輕時就知道自己的方向，就不會繞太遠太多的路。在這兒祝福她，開心心想事成。

一直以來我都是個沒有意見、沒有聲音的人，不論是親情、友情和愛情都是一貫的作風，從來不表達自己的想法，默默的做一個還算盡責的配角，這麼多年來和家人不親，知心朋友寥寥無幾，維持著一段若有似無的愛情。

兩，三年前的工作低潮讓自己在父親不同意的情況下改了名字，也一頭栽進宮廟大大小小的活動中，從點燈、拜斗、祭改、法會、進香、會靈等等活動，自以為可以幫助自己、家人，也可以幫助他人，隨著時間的流逝，漸漸發現自己還是原地踏步沒有什麼改變，不禁更加的疑惑自己這麼做到底是為了什麼？

在因緣際會下，抱持著懷疑的態度和好友一同來到歡喜八方問事，一直記得那個夜晚，好友說從來沒有看過我笑得如此開心，那個開心是打從心裡的開心；在瞭解自己的元神和功課後，持續的聽開示，努力的做功課，主管和同事都覺得我越來越漂亮了，八方的朋友也覺得我越來越愛笑了，自己也越來越有自信；除了聽開示之外，也開始打坐調氣練身體，慢慢調氣五行定位後，現在已經可以打太極，意外發現便秘的情形漸漸改善；因為五行定位也慢慢練習感應神佛的智慧，神佛的智慧讓我瞭解自身的不足，也讓我知道如何去改進；神佛的智慧是幫助我們改掉自身的固執與習氣，讓我們瞭解自己的角色定位，讓我們在紅塵中可以更加的平順，因為相信，所以離開宮廟來到歡喜八方，因為是對的事，所以要堅持下去。

她，加芬是我的讀者，第一次見到她時，覺得這個女生很漂亮，有一點像蔡依林，有著大大的眼睛，高高的鼻子，和一個豐厚的嘴唇，我覺得像她這樣長相的女生，應有過不少情史，聊了一下，她告訴我她有一個交往十年的男朋友，而她的男朋友對她的方式，真的讓我覺得她就是情感中的阿信，什麼樣的對待，她都接受。她才三十多而已，怎麼這麼宿命，對自己的所有都是接受。我仔細看了一下她的靈，她竟然是觀音佛祖。

她並沒特別的使命和功課，因她早就完成觀音佛祖的使命了，只是紅塵太苦了，苦的她忘了回去，苦的她不知怎麼回去，時間久了，她不知她來紅塵做什麼？我問觀音佛祖怎麼不讓她回去呢？佛祖告訴我，她這麼苦怎麼回去？她這麼難看怎麼回去？她是一個佛祖，如果她不懂得什麼是開心，她把自己弄得這麼難看，回去後又怎麼合靈？

佛祖說，我才不要跟一個醜八怪跟她合靈呢？說到這兒，一定覺得觀音佛祖怎麼這麼愛美！佛祖說，怎麼不愛呢？她可是所有佛祖美的代表呢？

於是我告訴加芬說，妳的功課就是讓自己變美，一個女人會美就是有一個愛妳的男人，還有就是自己要愛自己，所以妳的男朋友十年來並沒有讓妳變美，也沒有讓妳想美的動力，證明他並不愛妳，就分手吧！回到紅塵論而言，交往了十年也沒給妳任何的交代和承諾，分手吧！

就這樣，她開始變美了，她開始有人對她示好感，她開始了不同的人生。

到截稿之前才四個月的時間，她沒有男朋友，可是她真的變美了。我相信她一定是要完全找到自己美的方法，和美的自信，會有一個疼她，愛她的男人出現。加油吧！加芬。

第一次見到她時，我就知道她有天命，她說她也這麼覺得，因她的朋友們只要有任何問題，總是找她做張老師，她總是有一些道理讓她的朋友釋懷，所以在還沒有跟我個別訪談時，她就有隨一個老師學習打坐。

她很想做跟我一樣的工作，她覺得她有這樣的使命，她問我，老師，是嗎？

這是兩年前的事了，而這兩年來，她在新竹跟所有的訪客一樣，聽開示。而這兩年來，她也跟所有的人一樣，把紅塵的功課做好。她碰到所有人都有的問題，就是財和情，聽完開示、學得方法，也是要做。我想她也忘了，曾經她問過我，老師，我是不是要做跟妳一樣的工作。記得當時我回答她的答案，是隨緣吧！

今年我要收門生，師父點她做我的門生，我也嚇一跳，因她並不是跟我很接近，她總是默默的把該完成的道理做完，我們之前很少互動，只有在新竹開示的課堂上做一個老師和學生的關係而已。再說跟她一樣問過我，是不是有天命的訪客，最少一打以上。我都當作，想太多。

今年，師父們說我要收門生，她浮現在我的感應中，我只是傳達這樣的訊息，她連想到沒想，就答應了。她是我的門生，玟玟。

因為聽開示，讓我明白，所有的事都得從自我反省開始，所有事情的發生自己都是有責任。一定是自己也有問題事情才會發生，所以現在的我會想自己應該如何改善，才能圓融所有事情。會謹記師父所說的尊重和和善，當我真正做到尊重和和善，發現與人相處問題真的變少了。當問題變少做起事情自然順利，人也變得開心了。

當然我還是一個平凡人，雖然努力學習中，還是有本身的不良性格，例如：自尋煩惱、懶惰……等等。

今年成為八方的十二靈通門生之一，學習感應，好處是腦袋變得比較靈光一點，算術有變好一點，還有的好處是Carol老師說的，隨時有人幫忙反省自己，哪裡不足，哪兒又需要改進（當然啦，反省以後面對了就要去做，要不然也是沒用的，這時師父會不理你喔）。

我想真正想要改變自己的人才會來八方吧！目前在八方認識的好朋友，有好多個都越來越開心，真的很高興見到他們的成長，我想把自己真正做好，真的比較簡單，當自己快樂開心了，自然能吸引到開心又正面的朋友，同時也能吸引美好的事物。

Carol老師是一個令人感到開心的人，她的靈通速度真的很快，每每代口開示總能點中大家的心。雖然她是神佛代言人，但是她還是有自己的功課要做，所以我們這些徒弟們也是要努力學習。大家出生在這個世界上，都有個美麗的功課要完成，所以我們應該開心的學習，努力把自己該做的事完成，讓自己的人生活得精彩又開心。

看到這樣的內文，我想她也不記得她有天命這件事了，只是安分的先把自己做好。之前提過，每一個人都有天命，就是修身、齊家、治國、平天下。而她除了跟每一個都一樣的天命外，還有一份天命。天命的內容是什麼呢？真的時候未到。

不過她目前是新竹課程的固定代口老師，有機會可以在新竹見到她。

會接觸到歡喜八方，其實是在一個很巧合的緣分下，前女友因為離婚的關係，一直對小孩很放不下，所以她找了Carol老師問事。而且是瞞著我去的。回來就跟我聊了很多她跟Carol老師的聊天內容，老實說，我是很不信算命這一塊的，什麼算命，什麼無形，又看不到，也摸不著，或許是因為以前家人就帶著我給很多老師算過命有關吧！其實有的時候我抱的心態是看表演，或者說看所謂的準不準。可是那天晚上，我前女友回來跟我聊了以後，她告訴我不信沒關係，可是她覺得她需要時常來Carol老師那。我當下便跟她說我也很有興趣，目的只是想保護我的前女友。就這樣，開始去聽第一次的開示。

第一次去聽開示的時候，我依稀記得是星期五的晚上，心中只想陪在女朋友身邊，讓她知道我的心是跟她在一起的，當時我只感覺大家都很客氣，來了，就聽聽看吧！第二次再見到Carol老師是是正式的問事。但仔細想想，自己好像又沒問題可問……而且是來看表演的，只是想讓女朋友覺得我認同她而已。

但花了錢，不如把自己跟女朋友之間的問題來聽聽看意見好了。老師看了一下並沒有說出我們之間的問題，只說我對她很好，而且把我心裡想對她說的話全說出來了。而我的前女友哭的很傷心……

第二次再去聽開示，題目是天道，其實在聽的當下，心理是很難過的。我明白了，我問了自己，我到底對自己的家庭盡過什麼責任？我對我的女兒有沒有盡到半點做父親的責任。女兒的事總往父母親身上推。我很自我，凡事都是以自己為考量，工作做一做，同事一說閒言閒語，我對工作就沒信心不做了。不願意聽父母親的話，總覺得他們說話很煩，不想聽。看到自己的女兒，就想到我前妻，有什麼不好的習慣，有個不良遺傳的…很多很匪類的事，想想一言難盡，可是在開示的當下就知道……自己大錯特錯了，而且錯的離譜。回到前女友家…大哭一場。

爾後，開示只要有時間，我比我的前女友去的還多次。當聽的道理越多，我越發現自己要什麼，我告訴我的前女友，我要把時間留給我的家人，我要把家庭照顧好，孩子帶好……等等立場和角色的問題。

為此，她跟我提出了分手，週休，我總是把時間留給她，而忽略了真正重要的家人，我還記得，在捷運上收到了她給我的簡訊，孫ＸＸ我覺得我們不適合……分手吧！我心裡長嘆一聲，回了簡訊，尊重妳的想法。分手吧！可能我知道從此的生活重心是我自己的家庭。

還是每週來聽開示，快一年了，我的父母說，我的兒子回來了。女兒會說，爸爸現在講話都好溫柔喔！現在我心裡常想，家事總是要有人做，就撿來做吧！沒什麼好抱怨的。常常對別人開玩笑，上有高堂父母，下有嗷嗷待哺的女兒。所以……我必須要一肩挑，聽開示的過程中學習到訂家規，我心想父母已經到了放下的階段。小孩則是還在學習階段……家規應該是訂給我自己的吧！因為需要調整最多的人是我。

現在，我的家庭氣氛越來越好，越是瞭解人生到什麼階段該做什麼，就越懂得如何把工作做好及跟家人相處，對於自己的角色越來越清楚就越知道該做什麼事。八方常常提到把自己做好。我也終於瞭解到這句話的涵義，原來是這麼的深、這麼的不容易……

我曾經跟Carol老師說，其實我到現在對於看不見的、聽不到的，我還是不信，我信的就是道理而已。在學習道理的過程中瞭解到圓融和方法的重要，道理不是一直掛在嘴邊，硬生生的去做，而是要加入更多人情與方法。而每個人所遇到的問題都不一樣，解決方法自然也都不同。

我們有太多人（訪客），都是抱著求神的心態來到歡喜八方，希望來了八方以後，師父們就可以解決了生活中所有的難題。可是真正能解決問題的根本，就是自己去做，去改變而已。歡喜八方只是提供了方法。常常有訪客會開玩笑的問，自己是不是很笨？沒有智慧？我都會告訴他們只要有了開始，知道自己該改變的地方在哪？就是聰明了。要聰明要慢慢來，正所謂欲速則不達。總有一天可以把自己改好的。

在此，我真的很感謝歡喜八方教了我很多方法改變自己。而我從八方學習到改變自己的性格及改變家庭，讓我自己更開心，讓我的家庭更和樂。更謝謝Carol老師總是以輕鬆的方式將道理說給我們聽。

這個彬是我最心疼的學生，滿滿的道理，可是不懂圓融，時常受傷，內心想要表達的事跟嘴裡吐的文字常常不一樣，個性又好強，不開心時也不願意說，只想著反省和約束，弄得身邊的人都壓力很大。他也懂得開心就是正念，可是對有很多包袱的人來說，談何容易。他是家中的長子，父母親年紀都不小了，年輕時，曾經有一段婚姻，因不知如何經營而草草結束。有一個可愛的女兒，過去總想替自己的感情和女兒應有的母愛找一個對象，所以花在自己女兒的時間身上反而變少了。如今他來歡喜八方聽道理，他知道他要的對象應具備的特質有哪些？想想過去只是找一個愛而忘了男女之間的相處方式，他不願再跟第一次的婚姻一樣，因不懂經營而浪費時間。現在，他想把自己整理好再出發，他學習著老君等待和冷靜的智慧，也學習觀音說的感情要主動和積極，他表現的很好，只是還在等待，我相信他再碰到的夫人，一定可以跟他共同有美好的未來。

現在的歡喜八方

我是歡喜八方的開門老師，可是歡喜八方並不是我的，是每一個人的，現在歡喜八方由學生們分工合作的來管理八方的行政工作，我們並沒有全職的工作人員，全都是兼職的朋友，而每一個人在職場上都有很好的表現和成就。如今我們正努力做到新法的要求，就是把自己做好，把道理傳出去，時常笑稱怎麼做道理這麼難。彼此再互相鼓勵，照著神佛們給我們的方法，正一步一步的往前。

歡喜八方除了由我代口問事之外，學生們也開始在週六的固定開示時間學習代口開示。

我們歡迎更多的朋友一起來加入歡喜八方的做道理。

說到做道理，真的很難，回到紅塵的相處如果沒有方法，又怎麼可以做的好呢？

我們老是要人來聽開示，聽什麼開示呢？就是如何做道理，做道理的方向，做道理的方法，做道理的開心。

這就是歡喜八方的開示內容。

求財的方法

釋迦佛祖示

求財方法真是多　都是要做才會得
如今彌勒來要求　全是五倫關係得

彌勒佛祖示

家是五倫首之上　沒有家來何來財
如今有家才有財　勸君快快闔家園

老君示

何等不容易　家和萬事興　全部都要做

全都是和善　如果不會做　只好說方法
方法還是做　八方來說明

觀音示

都是角色明　都是開心做　只要角色清
即可得家財　看到家庭樂　神佛都開心

帝君示

只要目的達　方法都可使　只是道理上
只是天規看　不要有貪心　不要有貪念
錢財都可得　祝你都開心　開心到八方

母娘示

八方全是天地人　上頭註冊開法門
如今只要做道理　個個都是做神佛

四面佛祖示

任何沒有天下有 全是自己要努力
如今大開天門路 就是學習做傳承
修身齊家和治國 天下就是家天下
如何做得來交換 道理做出換財情
祝你開心做家傳 回到天門當佛門

簡單的提詩，每一位大佛都說做道理的重要，我常跟八方的訪客們說，你們自己都是佛來求什麼呢？不就求自己能做得到最重要。今天上天大開通靈門，也就是要我們自己知道如何才能做足道理，如何才能開心的做道理。很多朋友問我，紅塵這麼苦，要開心多難！是的，但是沒有一個佛是不開心的，如今你們自己要當回自己的佛，不開心又怎麼做完紅塵的功課呢？那就要開心的找方法，在紅塵求得財情圓滿。

案例　一百年三月廿一日

彌勒師父

雖是我府大將軍　怎奈不知要如何
原因在於要努力　回到天上當將軍
我府人員都不在　一天到晚在紅塵
紅塵關關過不住　如何才能當將軍
將軍之才要權謀　將軍之人功課成
祝你好好做將軍　過完紅塵大關程

四面佛示

元神雖是大將軍　怎奈不知做將軍
將軍要把作息定　將軍要做權謀事
只要好好做規劃　就可得到家運財
有了家運才有局　才能好好破沙盤
祝你重新給信心　學習一日做三事
一事先學規劃事　二事再學對人事
三事好好來執行　成立公司好樣人
只要開心就能成

觀音示

紅塵好好來學習　原因只是過紅塵
雖是好人一大個　不知好人真難做
雖是男人一大個　不知男人也不好

如今學習在開心　好好再做傳承事
如今學習五倫事　開心放下就好做
莫管他人太多事　莫管他人今生事
只管開心來做出　就可明白紅塵事

帝君示

原本就是大軍位　只是天國事有因
如今回到地府中　好好待著等回天
如何回天可就位　就是好好學權謀

老君示

權謀就是大將軍　看你學會能就位
權謀就是大開心　學習開心能發財

母娘示

將軍之位等你坐　看你如何做將軍
只要開心都放下　就是回位當府軍

這個朋友來找我時，並不是真心的想問什麼問題，他總覺得人生就是努力而已，所以他曾經經營過咖啡廳，十年來，他除了把兩個小孩養大，就一無所有了。因為壓力的關係，每天都是苦瓜臉，太太是個賢內助，也是他的好幫手，最近他發現跟兒女的親子關係發生了問題，他不知哪兒出了問題。前陣子結束了咖啡廳，重新開了一個他一直有興趣的黑手工作，現在很努力的做家圓，也努力做一個老闆，真心的祝福他勇敢的面對自己的性格，有一個美好的未來。

他的做道理，就是從基本的道理做起，也就是家和萬事興，在歡喜八方曾經特別請到社神來告訴我們他打分數的標準，跟各位分享。

案例　一百年五月六日

彌勒師父

將軍紅塵改性格　改了性格有沙場
沙場原本就是有　保留給你來經營
莫要擔心一定做　改了性格就升官

四面佛示

將軍是要有霸氣　學的霸氣稱將軍
雖是小小大沙場　但也紅塵在升級
將軍要有大志氣　不是別人怎麼說

將軍要有大模樣 有時聲音要很大
將軍要有大神氣 管他三七二十一
將軍要有大作為 未來要有大信心
放心將軍很好做 只要學習願意做
放心將軍真好做 不就讓人都看齊
放心只要做將軍 生活都有好安排

觀音示

紅塵情關可以過 全看夫人怎麼過
紅塵家圓很好做 全看夫人怎麼行
勘選夫人很重要 幫你完成五倫情
勘選夫人更重要 助你將軍有沙場
只要將軍好好選 就可得人又安心

帝君示

將軍真是好辛苦 沒有將軍更辛苦
只要將軍願意做 給你護持真開懷

老君示

將軍很開心 有我在幫忙 雖是沒看到
但也說一下 現在幫不了 未來幫大忙
只要心中有 老君助你法

母娘示

好好助理你不要 又當軍人又當佛
母娘看了很辛苦 沒有法子都要升
未來看你如何升 不升回我做仙人

這是一個個性斯文的一個工程師，男人會來問事，通常就是問事業，我看他的盤是一切具備只欠東風，什麼是東風呢？在這兒指的就是性格的改變，他很會工作，能力都好，唯有性格較內向，又孝順，又有家庭觀念，他一定是一個會成功的人，主管肯定他，但升遷卻不是他，我想這是很多人在外工作的經驗和無奈吧！

我請他改變他的性格，學習和未來的夫人溝通，讓他可以專心的表現自己。離開後，他很開心，因他很清楚他要改變的方向，未來可以讓自己、讓家人過的更開心。

案例 一百年五月十八日

彌勒師父

一天到晚找未來 只是未來不是找
未來是要有規劃 未來是要自己做
不是從天掉下來 雖是現在還滿意
但是學習很重要 學習溝通是重要
學習說話更重要 只要願意來溝通
升官發財都見到 祝你好好學溝通
祝你好好學表態 如今只要都能做
天上大位等你回

四面佛示

不是今生回大位 而是來生在好命

如今學習全是因　如今學習全是等
只要學習和努力　來生好命今生瞧
莫要擔心做不到　就是觀念來改變
只要變通全都通　祝你好命來生得
祝你開心心想成

觀音示

什麼都不會　只會道理行　道理在心中
全是方法得　莫要不在意　如今全都學
只要學方法　今生都能得　只要願意做
心想一定成

帝君示

什麼道理你都會　就是不知好方法

何謂方法都是好　就是表達讓人知
學習傳達心中意　學習表達心中事
只要傳承都能做　今生做來來生用
莫要擔心不會做　家圓財圓都能圓
祝你日後好發揮　從此課程都會聽
只要八方說方法　聽完就得開心門
只要八方說道理　重拾方法好未來

老君示

不是你不會　只是不想做　如今紅塵難
不做也不行　好好學方法　好好做方法
好好得人緣　今生都能圓

母娘示

雖是來生得好命 但也今生要做完
莫要擔心不會做 不過去做就去做
莫要再想太多事 全都開心心想成
祝你好好完功課 祝你好好學方法
日後明白都會做 一生即可太平年

又是一個工程師，對於現在的他雖不是很滿意，但也還能接受，他很明白現實生活的無奈，因工作的關係，他跟他的夫人和小朋友分開住，他想到開車來回的危險和費用的支出，所以他選擇最實在的方法。他來問事，並不是有什麼特別問到的答案，就是想聽聽而已。

所以他問，他換工作好不好，我告訴他換也好，不換也好，也是要調整他的溝通能力。他很清楚自己碰到的問題，也是願意改和不願意改的必要性。他又問，他可不可以買股票，我告訴他小面額的股票有機會可以有多的收入，他說什麼原因，道理很簡單，一、是他沒有改變自己的心要讓自己有更多的收入，自己都不在意了，老天又怎麼會給他錢財呢？二、是現在上頭給的是家財，你都沒有跟夫人和小朋友住在一起又怎麼可能有多餘的收入呢？

我不知道他後來的決定是要跟家人住還是不要，不過現在上頭真的給的是家運財。

求財的方法（一）灶神說家宅

在所有和紅塵有關的神仙，我們是最接近紅塵的神仙，我們是負責記錄紅塵家庭成長的紀錄官，每當我們來紅塵時，都是透過家中的爐火而來，過去每個家庭都有灶，所以我們來去很方便，也很寬敞。

我們主要的工作是呈報家庭和樂、成就和成長。當我們把紀錄往上送達時，會有判官再次查證後，交由財神和土地公分財。

通常我記錄的重點是家裡的整齊和清潔、在整齊清潔的評分當中，以客廳、廁所、廚房、灰塵為主要的評估項目。

在這兒必須告訴每一個人，我們接到的使命是，紅塵未來的功課是以齊家為最重要的功課，所以我們的使命是詳細記錄每一個家庭的生活和相處方式。

首先齊家的功課是角色，所以我們要看到家庭中角色的分配是否完善和圓滿。所以我們要看到或者記錄家庭分工圓滿。我們會記錄相處是否圓滿和和善。

家規，這是另一個訂規矩的地方，所以我們要看到是大人有大人的規矩，小孩有小孩的規矩，換言之就是有沒有在做修身。

我灶神是不負責評分的，我不是很大的神仙，在這兒只有要求一件事，在我進出的地方請盡可能全部清空，好方便我進出，也就是流理台的地方請不要放任何的東西。

基本上，只要我進出不方便的地方，我就不會時常進入，這樣會造成上頭對你們府上是沒有紀錄的，到時沒有財或家運不好就怪不了我了。

另外，我如果進出正常的話，大約一個月會進出四～六次左右，來的時間白天、晚上不一定，當我把紀錄往上呈後，財神會從貴府的浴室進入做再一次的複查。不過財神只要出巡就一定有財給你們的，財神目前靈比較少，所以大約三～四個月才會到府上的。也就是如果你們把家庭的功課都做的很好的話，大約三四個月府上的家運就會慢慢變好。

灶神的功能並不大，所以無需特別供奉我們，我們只是個小小的神，只有小小的要求，請你們的瓦斯爐火一定要乾淨，否則我進出很不乾淨，一定不會給好評語的。

這就是一個求財的基本方法，剛才的案例就是要先家庭和樂，夫妻子女取得共識，各有各的角色，每個人把角色做好，碰到子女的成長，爸爸要學習包容，要給空間，在不違反五倫關係的道理上，找到可以相處的方法。

求財的方法（二）帝君說正財

人人都說關聖帝君是武財神，原因就是祂是一個公正且一板一眼的神佛，祂在意的是，我們是不是有好的工作態度，事實上，新法強調的是去做，如果去做是一種態度，自然掌管態度的帝君也會教我們求財的方法。

帝君給的財共有分有三種財，分別是：一、工作財。二、投機財。三、機會財。各個財該怎麼給？什麼樣的人可得？能得多少？其實祂都各有不同的功課要做，方法如後：

工作財

（1）早起早睡：這也是修身所要求的作息！帝君很堅持早起早睡，他說，要我們早睡不容易，現代的人都很忙，所以早起一定可以，帝君說早上早一點起來，比別人多一些準備的時間。

（2）每日端莊儀容：依各自的角色及場所，端正該有的儀容！帝君說：我們現代人如果要有不錯的收入，一定是多元化的工作項目，或者是你做業務的，或者你也是個大老闆，但是基本的外在一定要合宜，尤其是女人一定要有所打扮，這是一個基本的禮貌，如果妳不是一個做創意搞怪的行業，就不應把頭髮弄得奇怪的色彩，如果妳有一個重要的場合，就要合宜的服裝，在不同的場合有不同的穿著，這是禮貌。女生一定要著淡妝。

（3）學著說好話：帝君說：這個是很重要的，工作辛苦是我們每一個人都會碰到的，不論我們的角色是老闆、主管或小工友。有時因工作的辛苦對別人就會說出不好聽的話，這是不對的，出來工作求的是和氣，和氣則生財，所以我們要學習要說好話。

（4）養成固定、良好的工作習慣（約束）。帝君說：社會在進步，各行各業都在進步，如果我們沒有一定固定的工作習慣，當我們有新的學習或事物到我們生活中，就會亂掉。而這樣的固定行為或許是整理你的筆記，或許是早一點到公司，或許是每週聽一場的演講，也或許是早晨的一杯咖啡。這些的固定工作是讓你的生活穩定和安心。當你每日的固定工作習慣越來越多時，就表示你的能力一定越來越好。工作效率也越來越高。

（5）提升與工作相關的專業素養：用同心圓來比喻，圓圈越大代表該項專業越專精，圓圈越多代表有更多的專業能力，當圓圈越大或越多都代表能力越大，選擇當然就多。有些人甚至連第一個圈都沒有，代表他（她）尚不知道自己該做什麼！這樣的人就要趕快找到自己的方向，建立起自己的第一個圈圈，才會有之後的圈圈產生！

帝君說：這就是我們的專業能力，而當我們的專業能力越來越多時，自己的能力就越好，就能選擇更多的機會，工作可以走得更長久，而當我們的專業項目少時，我們的能力就越少，至於專業能力多還是少，反省，真心面對自己就知道了，我們不要犯了自己騙自己的事。

（6）凡事皆要緊張：這是祂很堅持的說法，帝君說：就是緊張，也就是態度。祂說古代的官，在跟皇上呈報工作時，是緊張害怕的，因只要工作做不好就可能會殺頭，這是多嚴重的事，所以對工作總是小心謹慎，可是現代人的工作態度是，此地不留爺，自有留爺處，這樣的工作態度，就會無所謂，工作又怎麼會做得好呢？

（7）表達能力：有技巧且態度和善的方式來表達自己的意思！帝君說：很多人很會做事，可是卻不會溝通，和別人一起做事，所以要有好的溝通能力來協助我們完成工作。

（8）表現自己：帝君說：要學習表現自己，讓自己的能力讓人看到，要有勇氣表現自己的能力，不要怕事，才會有機會被發掘，進而獲得賞識。

（9）主動創造機會，並且懂得把握機會：帝君說：當你準備好前面的八項功課時，你有好的工作態度，你就要主動創造機會，當機會來時，要說：我會，我可以。當你有好的工作態度時，當機會來臨時，就算我不會，一樣有人願意教你。只要我們態度和善和努力的付出，一樣會讓你的不會變成會。

所以我們一定要主動找機會，並且把握每一次的機會。

（10）開心心想事成：帝君說：正面的態度對待你的工作，開心心想事成，堅持你要的結果，讓生活樂在工作，那就一定，開心，心想事成。

投機財

把上述工作財應做到的十項努力去做，且平均每項都做到6成以上，除了有機會得到該有的工作財之外，另外還會給你投機財！

要怎麼樣才能知道自己做得夠不夠，就去買樂透吧！當你做得夠多，中的號碼就越多；相反的，做得不足或不夠平均，可能連一個號碼就中不到喔！就用樂透來評鑑自己吧！

機會財

（1）專業能力：有在做基金、股票、房地產……等等投資的人，就要培養自己該項的專業能力。

（2）互助：當投資專業不足時，就要尋求該項投資專業的朋友給予幫助，例如：證券營業員……等等。

（3）信任度——有合夥的：當有跟人合夥投資者，與合夥人間就要有相對的信任度。

（4）第六感——直覺：當自己直覺該項投資可能不太OK，即便各項數據都代表安全的情形下，最好還是相信自己的直覺來判斷或決定！因我們在做道理的人，神佛一定會站在你這邊，所以就算是專業評估都沒有問題，但是當感覺不行時，就不要丟錢啦！

（5）開心：又回到……開心就能心想事成。

求財的方法（三）老君說收入加油

就是讓我們的錢財如何增加。老君說，要收入增加，要先懂得省錢。老君說要有錢先要懂得省錢，當我們的收入是固定的，我們就必須明白什麼是節流和省錢，我們必須要有規律的生活，才知道如何省錢。而當我們知道如何省錢，就會明白要從哪兒增加收入。老君說，我們人總是太沒耐心，總是要求快快快，可是收入增加可是一生一世的觀念，又怎麼會立刻看到效果。老君說，我們必須要有省錢和收入增加的觀念才會讓我們在紅塵致富。

老君說，規律的生活可以記錄我們花錢的方向，可以觀查省錢的方法，可以發現別人怎麼賺錢。從自己檢討，從他人身上學習。所以如果我們想收入加油，首先要有規律的生活和省錢的觀念。而我們真的想收入加油必須要不斷的學習，不斷的找機會，不斷的表現自己。如此，當一段時間後，當準備好籌碼時，當機會來臨，收入增加就會在你身邊。

老君說了一個最簡單案例，我們有很多人的媽媽是在幫別人帶孩子，帶孩子首先要有規律的生活，要有好的環境，乾淨的居家環境，健康的身體，好的廚藝，各方面的把自己家庭主婦的工作做好，有一天，孩子大了，想增加收入，只要稍稍表達自己的想法，相信一定很多人會找上她，這時她的收入就增加了。

我們談過如何有財，正財及投機財都說了，正財就是努力的工作，正向的態度，投機財就是專業加上第六感。

而除了這兩樣之外，如何可以讓我們自己的收入加油，就是規律的生活，和平實的紀錄。而最重要的是要有錢先要懂得省錢。要有錢，先要懂得錢花在刀口上。要有錢，要先把自己的觀念改變。要有錢，要先把自己準備好。要有錢，要開心做功課才是最重要的。

求財的方法（四）規矩就是財

做任何事都要有規矩，求財也一樣，有了規矩，財就來了。

求財的規矩（1）早起，比別人多一份準備。上天對待每一個人都一樣，每個人都一樣，都是朝九晚五的在上班，而如果可以早起三小時，我們就比別人多三小時的在做準備，所以早起是求財的第一個規矩。

求財的規矩（2）習慣，在生活、在工作訂出習慣，每日做，養成習慣，做久了就是效率。做事有了效率，我們比別人又多了一些時間。就是要求自己把事情按部就班的完成，不管工作上、生活中，或是學習過程，常常沒有計畫、規劃，很容易被其他事給影響、干擾，時間就是這樣悄悄的浪費掉了。

求財的規矩（3）承諾，就是今日事今日畢。每日都有需完成的事，今日沒完成就會拖到明天，明天又沒有完成就會拖到後天，事情一直拖下去就會累積愈多的事情，到最後愈是難以完成。舉例：我們規定自己每天記錄收支帳，如果今天沒有記錄到，等到明天就會想今天花了哪些，光回想那些的時間可以讓我們做其他的事情，收支帳每天做，就會很輕鬆，累積愈多，光想就頭痛了；再舉一個例子：家事有很多，如洗衣、掃地、拖地、洗碗、打掃整理等，如今天沒有洗衣服或沒有洗碗，就會拖到隔天，拖愈久，累積的數量愈多，最後必須安排一整天的行程來完成這些事情，如果這樣美好的一天用在戶外踏青、充實自我、與家人相處，這樣的一天不是更充實，更有意義。

求財的規矩（4）不二過，不能犯錯兩次。我們不能在同一個問題犯同樣的錯誤，這樣表示我們並沒有成長、改變，讓我們不二過唯一的方法，就是不斷的反省、思考哪裡出問題，並提出改變方法，這個方法不行就換下一個方法，一直找出解決的方法，這樣我們就不會在同一件事情上犯同樣的錯誤，當我們清楚這樣的問題，需要哪種解決方法時，我們就會比別人更接近成功，更接近財運。

求財的規矩（5）有正念，也就是開心心想事成。可是紅塵中有太多煩惱的事要想，有太多的關係要顧慮，而當我們無法定心時，我們可以第一、唸（寫）心經，這是可以控制我們情緒的經文，第二、離開，當下馬上離開，讓心情做轉換調整，第三、再提升，當我們能力提升，各方面都提升時，看事情的角度就會不一樣，情緒就不會有太大的起伏，站在低處看風景，跟高處看風景是完全不一樣的，第四、自己找台階下，重新再來這些都可以讓我們自己開心，有正念。

歡喜八方是一個給道理的地方，師父常說，紅塵這麼辛苦，要怎麼做得圓滿，就是一個方法而已，在不離天道的道理下做方法，在不離五倫關係下做方法，紅塵就是一個方法而已。

求情的方法

紅塵除了求財，另一個就是人人想要求得情圓滿，每一個人都想要有一個好情人、好老公、好父母、好朋友和乖兒女，但這些我們應讓如何得到呢？

在紅塵的情，我們分為友情、愛情、親情。而最圓滿的就是親情，最令人難忘的就是愛情，最能有認同的就是友情。有多少人一生都在追得情的滿足。

觀音說過，放下，是要得到滿足而放下，而什麼是滿足，就是不貪，就是剛好的感覺，所以當我們得到好的感覺，我們就要學習放下。

師父說，我們之所以在紅塵來來回回，就是我們在情不滿足，如果我們在情得到了滿足，就會放下。而放下不是放棄。師父說，這個滿足另一個解讀就是感恩，當我們學會了感恩，我們就會放下了。

謝謝你，曾經照顧我，做我的父母，讓我在這一生學習到我應有的經驗，而那個經驗不論是好的或壞的，都是一種學習。那是一種**父母的親情**。

謝謝你，曾經愛過我，讓我有一段被寵愛的感覺，讓我覺得存在的價值，而那個經歷不論是好的或壞的，都是一種學習。那是一種**愛情**。

謝謝你，曾經愛過我，讓我得到付出後的成就，看著你長大，看著你跟我一樣學習所有的過程，只能在一旁不敢打擾你的成長，深怕你在成長的過程中，受一點點的傷害，我想給你最好的，但又擔心你未來沒有能力在這個現實的環境生存。如今你有你的生活，也成家立業，希望你也跟我一樣，好好對待你的子女。那是一種**子女的親情**。

謝謝你，曾經愛過我，陪我成長，我們一起嘻笑怒罵，一起分享彼此的經驗，一起努力的在社會上立足，如今我們各自有各自的生活，當你想到我時，當你需要我時，給我一通電話，我們再一次的彼此鼓勵，一同走向美好的未來。那一種**友情**。

謝謝你，曾經愛過我。我們從朋友到無話不談的伴侶，我們共同的家庭一路走來，總是風風雨雨，雖生活總是有好有壞，但一路相依到現在，我們並沒有放棄對方，這就是我最大的感謝。在生活中，你有你的不滿，我也有我的不開心，兩人爭執都是為了生活下去，謝謝你，我們還是沒有放棄對方。沒有放棄的愛，就是**夫妻之間的親情**。

師父說，你們得到了？滿足了？如果沒有就要去做，去找方法做。如果得到滿足，我們就要感恩，就要放下。

在求情的過程中，最重要的就是要知道角色是什麼？角色如果對了，求情就容易了，角色如果錯了，那求情只會繞遠路。

還有，當你在求情圓滿時，一定要注意，沒感覺，就是做對的事，就是把方法做出來就可以得到求情最重要的方法。

案例　一百年五月九日

彌勒師父

東土仙子在紅塵　學習改變男女情
何是改變男女情　男女特質要分明
只要明白特質做　就可道理知心中
放心多學方法學　功課自然可分明

四面佛示

東土學中土　中土學東土　學的是什麼
都是男女情　只要先認同　只要先認清
只要有觀念　什麼都不難　雖是學感情
但也是關卡　只要能明白　日後好升級

觀音示

中土財情真正難　要財要情不明白
如今先選一關過　好好習得情關明
未來不要太擔心　就是齊家和修身
只要開心能去做　二人善緣在眼前

帝君示

全是看你做不做　有了觀念即可做
雖是好好做情關　為人處世不可少
未來沒事聽開示　包你會做又開心

老君示

紅塵方法不好學　莫要覺得太沉重
只要多學方法學　就可得權又有財

莫把感情當方法　方法才有感情學
只要好好來學習　紅塵法力都可學
男女之道也是法　男女之情也是法
修身也是大方法　齊家更是上上層
多學多學都是好　祝你紅塵好方法

母娘示

東土來學習　一定受歡迎　莫要再擔心
一定得好人　只要來改變　由壞變成好
莫要太擔心　心想一定成

這個女生來找我時，原本是要問她跟她前男友的官司問題，兩人曾經是事業和情感的好夥伴，只是不知什麼原因，她的男朋友要她離開公司，並把登記在她名下的房子要回來。訪客告訴我，她的前男友很霸道，而且是個中東人。她說她問了好多個算命，都說她官司會贏，她的來訪主要是官司？

我問她，前男友有說過要娶她嗎？她說有，可是她並不敢，因她的男友情緒很不穩定，今天開心就什麼都可以給她，明天不開心就要她滾，她有很大的不安全感。但是前男友買了一間房子，又告訴她，請她做女主人。

我又問她前男友對於官司的看法是如何，她說沒有特別的感覺她想如何，但總是告訴她，她會輸，每次在法庭也沒有太多的情緒，所以她也不知道到底前男友是要分還是合。

她又說了很多兩人相處的過程，其中有一個是她不讓她的男友跟她的家人見面。說到這，我不知道到底是男友沒有安全感還是訪客沒有安全感。

男女之間交往到了談論婚姻的階段，前男友還沒有見過她的家人。雖說看似結束的感情，但真的結束了嗎？

最後我問她，她愛不愛這個前男友，她並沒有正面回答。

我建議她先面對自己的感情，不要繞到官司和過去發生的事來想，如果真的不愛，就連官司都沒什麼好打的，快快去過自己的人生吧。如果真的愛，官司更沒有什麼好打的，想想怎麼跟他一起面對未來吧。

觀音說，很多人不會面對感情，如果連面對都不會的話，又如何求得情圓滿呢？

案例　一百年三月八日

彌勒師父

天生就是好幫手　幫人做事幫人錢

怎奈幫了一輩子 就是不幫來成圓
如今好好做功課 做了成圓就有錢
如今只要做開心 就能成軍又成仁

四面佛示

成軍成仁就是傳承 如何傳承先成家
只要成家就完成

觀音示

原是我子我門生 不知情苦先成圓
如今德性不好做 只好家圓來成局
只要好好過家園 就可交我功課成

帝君示

雖是將軍使軍成 但圓傳承才是真

如今只要圓家園　就可好運全都來
莫要不聽佛祖言　就是家園才能全

老君示

家園不好使　都是使權謀　何是使權謀
道理就明白　又是男女質　又是關係足
只要是家圓　才能功德全

母娘示

天上將軍做家圓　好好學習和努力
只要學習做家園　就可回天又回門
雖看容易不容易　全是忍氣和學習
只要學習再引導　必可滿意做家圓

這個訪客其實是來問工作的，他是一個業務管理者，從出社會到現在一直都算是順利，只是這兩年不知怎麼回事，雖工作一直都沒停過，但總覺得不順利，不論是借人錢或是投資股票，沒有一件是好結果。他覺得自己並沒有什麼不對，在工作上也是老闆重要的大將才，對母親也是克盡兒女的責任，唯有一個女朋友，如今是晾在那兒，不知結婚好還是不結婚。

我問他，怎麼不結婚，他說，可能時間過了就沒有感覺一定要結婚。可是從他的提詩中得知，他一定要做傳承的功課，他未必是在職場上做傳承，而是在家做或許更好完成這份功課，所以我建議他快結婚，如此，他的功德才可以迴向他的手上，功德在手上，自然錢財、工作就穩定多了。

案例　一百年五月三十一日

彌勒師父

精靈想要升菩薩　總是害怕又擔心
害怕未來不知處　擔心不會也不懂
如今八方學方法　就是升等又開心

四面佛示

何是修行在五倫　就是角色做清明
何是開心做五倫　就是方法在滿心
何是五倫關係好　就是開心做自己
何是開心做自己　就是角色和角色
何是角色和角色　就是關係都明白
何是關係能明白　還是五倫在關係

莫要擔心和害怕　就是天道來學習
莫要擔心和害怕　就是五倫學關係
莫要害怕做不好　不就感覺來放下
莫要擔心未來事　不就開心去結婚
莫要害怕不會做　就是開心只要做
莫要擔心不知處　回到家裡樂開懷

觀音示

紅塵財情都安心　就是好好做五倫
五倫關係能做出　菩薩大位等你回
莫要心想不會做　歡喜八方有你法
莫要要做不知做　來此明白做什麼
只要開心做五倫　今生問題都無痕

帝君示

態度道理都知道　就是不知如何做
如今學習做出來　就是升官又發財
祝你開心來去做　祝你開心心想成

老君示

方法沒有做五倫　莫怪精靈傷了身
只要好好做五倫　就可得天再保安
只要開心回五倫　就可回天又回門
如今八方學方法　得了經驗好開懷
莫忘新法就是做　沒有感覺樂開懷

母娘示

恭喜精靈找到法　回到紅塵做五倫
只要開心做五倫　一生可做升天靈

之前我們說過，所有的靈來紅塵的功課都是修身、齊家、治國、平天下。這位訪客什麼都做了，就是沒有做平天下這項功課，時間也到了，所以她必須要完成這項功課。很多人不知道什麼是平天下，其實就是傳承，但如何傳承呢？難道每一個人都要當皇帝？難道每一個人都要當大老闆？當然不是。傳承是幫助下一代有好的教養和正確的道理。

這位訪客她已經三十多歲了，就天道的階段而言，就是做道理，所以只要把家庭經營好，就可以做道理進而做到傳承。訪客來找我時，是隔一週就要結婚了，她有一個很好的先生，也有一個很好的婆家，感情和經濟都沒有問題，但對結婚這件事一直都不開心，而且是害怕到說到這件事就哭，一點也沒有待嫁女兒心。這位訪客從大學畢業一直有緣跟宗教結緣，有陣子還想出家，她總覺得結婚這件事會跟紅塵永遠牽扯不清，對她心中的修行是無法接受，所以她很害怕，怕日後如果結婚會影響她在紅塵的時間。我告訴她每個靈來紅塵的功課，請她開心漂亮的去結婚，同時也請她婚後開心的去學習五倫關係並把它做好。

離開時，她高興的告訴我她要去作臉當一個美美的新娘。

求情的方法（一）觀音說男女

觀音佛祖說，紅塵就是男女這兩種角色，而這兩個角色也代表著大自然陰陽兩個不同的特性。而我們時常情談的不好，夫妻感情不佳，就是對這二種角色的不明白，而造成我們紅塵情的功課做不好。

在紅塵求的就是有情和有財，如果連最基本的認識都不足，紅塵中的情路又怎麼會好走呢？觀音佛祖說我們每一個人都要瞭解男人的本性和女人的本性，這樣我們才知如何做好功課，就好比男女如果是一個對立的角色，那我們就更要知道知己知彼百戰百勝。

所以說男女，不是說感情，而是要知道跟你對立的角色，我們要如何對應，如何達到你要的結果。

觀音佛祖說，男人的本質是衝動但又冷靜；女人的本質卻是暴躁而沒有耐心。所以男人容易做出錯誤的事，而女人卻只會對每一件事情煩惱。

所以當兩人發生對立的事情後，男人懂得怎麼說話來替自己圓這個錯，而女人卻只會哭鬧和慌張。

而我們要如何面對這個對立的矛盾？或者是說如何來應付我的敵人？這時女人就要更冷靜，而男人就要學習裝生病而轉移事情讓女人煩惱。女人，不論是在工作上或者感情上不懂得冷靜就只好吃虧。男人，如果不懂得哄女人，不懂得轉移話題，就只好認錯。

男人另一個本質就是好面子，覺得自己最大。女人另一個本質就是伸縮得宜，但只為愛的人這麼做。所以如果論本事都一樣的話，當男女對立時男人就要學習能屈能伸而女人就要理智的把愛放一旁並堅持自己的看法。

可是很多男人很厲害，很清楚女人的本質是這樣，所以總會在工作上身邊放一個夫人，或是一個女秘書或者是紅粉知己，來幫助自己不能做的能屈能伸。而誰會為他做這件事，就是一個對他有愛的女人。

這樣說可能很多女人不開心，但是確實女人是當愛來臨時，是最不理智的。女人可以因愛犧牲而視為理所當然，男人也這麼認同。女人可以因愛孩子，而放掉大好的前程，女人可以因愛她的先生，而全心全意的以他的意見為意見。女人可以因愛這個男人，心甘情願一生都讓人看不到，而永遠在一個她愛的人背後。

女人可以因愛一個人而變成另一個人，因此，觀音佛祖說，女人有這麼多的愛，分一點給自己吧！多愛自己一點，就會變得有理智了。當女人愛自己多一點時，男人想再利用女人的愛來犧牲就不可能了。聰明的男人，會用女人這個愛的本質，來好好幫助自己過一生，說的更明白一點，聰明的男人，如果懂得愛女人，那他就有一個心甘情願替他做任何事的女人。

男人另一個本質就是愛做大事、愛表現、愛照顧他人；而女人另一個本質，愛聽好話、做自己喜歡的事、愛美、愛人呵護。所以一個女人如果要一個男人說好聽話，就要懂得讓這個男人有機會做大事，有機會表現自己，有機會照顧自己。聰明的女人要懂得引導男人去做大事，去表現及照顧自己。

當我們明白女人本質是什麼？男人本質又是什麼？就知道男女應如何和平

的在一起。觀音佛祖說別忘了在太極中以柔克剛是最高的境界。

觀音佛祖說，當我們看完這篇文章時，想想，我們記得我們是男人？還是女人？還是只記得我們是人。當我們不明白我們是男人還是女人時，我們只剩下每個人都有的性格而已，沒有了陰陽，男女之間又如何相知相惜的在一起呢？而不論是工作、是友情、是愛情、是親情都會走得辛苦。

觀音佛祖說，請記得，我們是男人還是女人。

求情的方法（二）彌勒說把自己準備好

彌勒佛祖說，我們每一個人談到情都只想到自己要什麼，而忘了自己要做什麼，所以在情的部分總是我們人生最苦的經歷，如果我們只想著自己能做什麼，努力的去做，那麼我們的情就可以走的很輕鬆。

佛祖說，這個很重要，如果我們能背起來，時時刻刻反省自己有沒有做到，就不會爭吵了。

男人，要做到男人的特質，認真負責、談吐溫和、樂觀進取、果斷精神。而女人則要做到溫柔婉約、賢良淑德、灑掃進退、相夫教子、內外兼顧。

而當我們準備好我們要做的男女特質，自然就會有人接近我們，幫我們介紹好對象，而如果我們沒有準備好這些特質，碰到好的機會時，可能就會要等下一次，所以師父說，我們要把自己準備好，隨時都會有機會到你家門口哦！

求情的方法（三）老君說開心找到另一半

每一個人在紅塵都要有伴，因有伴可以學習紅塵最重要的情愫，那就是友情、愛情和親情。而當我們經歷所有情的成長後，最後圓滿結果就是有一個美滿的家庭，圓滿的親情。

而我們要如何開心的找到跟我們一起走向圓滿的另一半呢？首先，我們要清楚的知道另一半的要求是什麼？以及我們想要要求的條件。或許是個子高、或許有才華、或許是有錢、或許是對你很好、或許是……以上都不是開心的另一半。老君說，我們就是太在意自己的另一半，所以忘了自己的條件，我們只會設定別人該如何，反而會讓自己看不到自己。

所以老君說，我們要如何找到開心的另一半，首先是認識自己。而找可以幫助自己成長的另一半那才是真正開心的另一半。老君說，上天給我們兩個眼睛，一個是臉上的眼睛，一個是心中的眼睛，當我們用臉上的眼睛找另一半時，別人也用心中的眼睛在看你，所以當你努力在找另一半時，反而忘了自己怎麼做一個好女人或者是好男人。

老君說，過去全是媒灼之言，而未婚男女只把自己做好，男的努力工作求取功名，女的織布繡花，自然會有人介紹未來的另一半。現在也是，如果別人覺得你很好，也一樣會有人幫你介紹而不用你去找，是讓別人找你。

老君說，那個別人，那個人家介紹就是另一隻眼睛。所以師父說，就是把自己做好，另一隻心中的眼，就會看到你。

老君說，把自己做好，讓別人的眼看到你，可以找到自己的另一半還有什麼方法可以讓自己找到開心的另一半？

當然是把自己做好，男的做好男的特質，女的做好女的特質，接著我們就要表現自己了。

老君說，動物都知道如何散發出吸引異性的味道或者美麗的外在，就跟孔雀和小狗一樣，就讓我們回到最原始的動物吧！就是要女的美男的帥，也就是當你要找另一半時，你就要懂得打扮自己，讓別人看到你，不論你是會打扮也好，不會打扮也好，都要去找到自己最好的外型。如果這個外型是合適你，自然就會有人喜歡你的外在而出現，如果沒有，那就表示，這樣的外在並不適合自己，就再換一個造型吧！

至於味道。就是香水。選擇一個自己的味道，有可能是頭髮的香味，有可能是汗臭味，也有可能是一個香水味。有了外在表現加上味道，就要出現不同的場合來表現自己。

最後，也是最重要的一點，就是開心，就是自己要開心，一個要跟你長久在一起的人，一定是要找一個開心的人，當然你不可能每天跟神經病一樣，每天不停的笑，而是有正念，或許你可以因紅塵的事而不開心，但是你不可以覺得天要滅你，你必須很快找到方法，或者讓他不影響你的情緒。師父說，沒有一個人願意跟一個不開心的人在一起。

求情的方法（四）母娘說放下執著

母娘示

觀音紅塵要考試，個個情關不能過

觀音是負責掌管紅塵財和情的考官，而我們的情關，每一個人都不及格，無法過關。

觀音紅塵要測驗，每個財關真辛苦

觀音是要測驗我們對金錢的智慧，而我們的求財的方法，卻是一個比一個辛苦。

一個一個孩子出，不見孩子回娘門

母娘說，從我這出門到紅塵這個地方的孩子們，沒有一個回來。

一個一個孩子現，不見孩子回家門

看到你們一個一個出現在我的眼前求救，卻不見你們回來。

今日八方現開示，還是孩子快回門

今天歡喜八方有開示，就是要你們快回來。

今日歡喜說開示，還是孩子要回門

今天歡喜八方說了很多做道理的方法，目的也是要你們回來。

如今不回全是果，有了因果怎麼回

你們想想，之所以不能回來，不就是有了因果，而因果從哪兒來，就是對情和對財的因果。如果有了這些情財的因果，又該怎麼回來呢？

如今因果開了門，只要做出都可回

現在天條改了，因果不可以還了，只要做出態度就可以回來了。你們要認真把態度和道理做出來。

可是紅塵好難做，說了又做不能回

可是紅塵好難做，只會說，不會做，每一個都說自己很懂怎麼有錢，但卻不肯努力工作，每一個都會說多愛一個人，卻不願付出多一點的關心，這樣子只會說而不會做，你們要怎麼回來呢？

如今因果鐵了心，不做不給態度門

長期間的欺騙，這些因果，等了又等，就是等不到償還的態度。

如今態度可回門，卻又固執上了心

真不知該如何，現在只要有還因果的態度，但是我們的固執卻又不肯改。

紅塵真是太好玩，怎麼全都不回門

紅塵真的這麼好玩？你們怎麼全都不回來呢？

母娘傷心又揪心，天天分靈在說明

我在紅塵的宮廟，天天都有我的分靈在勸你們要回來，可是你們就是不願意把懂道理的態度做出來，真的是讓我傷心又難過。

只要固執上了心，就算做出也演出

只要是固執在你們的心中，就是懂道理態度也就出來了，我們也看得出來，你不是開心的做這件事。

只要固執回心門，就算天道也演出

只要是固執，就算是做天道也都無法回去，因為所有的固執都是為己而不是為人。

何事演出再演出，就是交換好因果

我們要不斷的想各種方法做出態度和道理，因這樣的方式可以交換我們自己的好善緣。

如今因果是功德，換了功德換了情

現在所有還因果的方法都是做道理，因做出的道理是可以有好的功德，而你們可以用功德交換好的善緣，快快做情和財的功課。

如今因果是德性，換了德性有財情

現在因果都是要我們做出道理，只要做出道理，因果就不會跟在我們身邊。

想想因果真好用，誰會換回天大門

想想現在的因果跟以前的因果真的不一樣，只要做好道理，因果就會給我們功德，讓我們回天上，但是，誰懂這樣的方法呢？

想到如此真傷心，全是因果換紅塵

想到這兒，真是傷心難過，只已經可以用態度換因果了，但是你還是用因果換紅塵的生活。

紅塵真是好好玩，每個都是不願回

紅塵真的很好玩？怎麼讓你們個個都不願回來。

誰都比比紅塵大，就是感覺上了身

你們就是有一個很大的錯誤，就是在紅塵比看誰大，看誰了不起，什麼原因會讓你們這樣，就是自我感覺良好。

如此感覺真正好，好到天門不能回

難道感覺這個東西真的是好？好到讓你們個個都不能也不願回來。

何苦貪圖紅塵意，每每都是不能回

何苦要有這個紅塵的意念呢？它就是讓你們不能回來的主要原因。

放心不會不能回，傷心不能也不回

放心好了，母娘不會不讓你們回來，無論再傷心，我也會想方法讓你們回到我身邊的。

到底如何才能回，全看固執不能回

告訴你們，你們只要放下了固執就可以回來我身邊了。

如今如何才回天，全看是否過紅塵

不管你們是誰，在紅塵做什麼？紅塵的財和情的關一定要過。

放下感覺找未來，有了未來就可回

只要我們放下感覺這個東西，我們把未來放在我們心中，只要我們想著未來，就可以回來了。

想想未來都是美，就能忍住心意全

你們想想，未來多好，回來多好，所以就要把感覺放下。

還是放心來回天，冷靜不求就回天

還是回來吧！只要不再有感覺，碰到什麼事，冷靜的想想，不要在意那個個人感覺良好，就可以回來了。

這篇母娘的提詩主要告訴我們放下心中的固執，只要放下心中意，就可回天樂開懷，不要在意心中的感覺。

回到求情的方法，我們不就是多了那一份固執，而堅持自己一定要的對象和條件。我們不就堅持要有自己的生活而忘了要找一個相知相惜的伴？我們不就固執的要求對方一定要有什麼生活？

我們真的忘了找一個喜歡的對象，還不如找一個適合的對象，放下自我的感覺，就可以找到最好的情。

和無形的對話

到底有沒有世界末日？

彌勒佛祖說：當然有，但肯定的是在你的有生之年是沒有的，在你的下一代也沒有，下下一代也沒有，接著我就不敢說有沒有了，因決定權不是在我們，而是在你們自己身上。為什麼呢？因人類是不說信用的，老是說會改變，但從不做道理，末日的時間不是我們訂的，是你們自己，當你們沒有了人心，沒有了道理，每一個人都是魔，就是你們自己滅自己。

那為什麼會有世界末日的傳聞？

彌勒佛祖說：就是新法和舊法的交盤時間，但我們的好事者就說成世界末日。

什麼是修行？現在很多人都在修行。

彌勒佛祖說：修行就是把自己做好。現在很多人都在做這件事，其實就是找回自己的心而已。讓自己安心，所以不管用什麼方法修行，安了心，找到了自己，就要把紅塵的自己角色做好，那才是最重要的。

修行跟唸經有沒有關係？

釋迦佛祖說：法門千萬千，只要唸經後能得到經文的智慧又可以用到紅塵中的為人處世都可以，但是修行跟唸經是沒有關係的。如果你每天只會唸經，該工作不去工作，該煮飯不去煮飯，那就是不對的。

到底該怎麼修行呢？

彌勒佛祖說：這本書都說的很清楚了，就是把自己做好，就是把自己每一個階段的角色做好就是最好的修行。

如何才能通靈呢？

彌勒佛祖說：現在誰都可以通靈，通靈的方法很多種，而不論你是用什麼方法靈通，最後都還是要回到道理上，什麼是道理上，這個道理就是孝道，而你只要孝道的道理清楚，通靈後才不會走火入魔。至於如何才能通靈，真的看機緣吧！現在大開通靈門，會有很多的老師都說可以教人通靈，但通靈最重要的還是有正念，你很快就會發現你跟的老師對不對。

佛道和魔道的不同在哪兒？

彌勒佛祖說：這個問題好，佛和魔兩邊所做的道理都一樣，都是天道，也就是孝道，所以我們很難分辨出來，而唯一不同的地方，就是貪，也就是你做的所有的道理是為自己還是為了別人，也就是利己還是利他。舉個例子說明，今天一個在道場或是宮廟工作的人，你是想要幫助別人，還是替自己化功德。如果是替自己化功德，那就是貪。一個老闆開公司，他是替他自己賺錢，還是想著要讓員工有好日子過。所以我們時常在說，是佛是魔蓋棺論定。

到底有沒有枉死城？

關聖帝君說：當然有，所以我們要愛惜生命。

什麼是我們要做的功課？

彌勒佛祖說：每一個都一樣，就是修身、齊家、治國、平天下，而所謂的功課就是我們在每一個階段所不足的，而造成這些不足的原因或許是前生，或許是元神，或許是你的考關。而不論是什麼功課，我們如果不知道的話，就回到最原本的修身、齊家、治國、平天下。

看著她成長的訪客 喵兒

認識Carol老師跟八方好幾年，Carol老師像朋友，也像大姐姐一般很關心、照顧每位訪客，記得剛來八方問事時，我對自己缺乏自信，在感情與工作上都略有狀況。Carol老師及八方的朋友們常犧牲自己的休息時間陪我聊天，教導做人處事的道理與生活應有的態度，人雖然都會犯錯，但無須陷在懊悔中，不必怨天尤人，更不必怪誰，只要願意學習，願意做～永遠都有機會。

明白道理後要常檢視自己的態度，是否做足自己角色應有的功課？修正腳步就能走在對的道路上，事情自然變得順遂。

因為做子女的，懂得尊敬長輩，懂得讓長輩開心，做父母的懂得做子女榜樣，除了賺錢還懂得關心孩子。身為員工、主管、媳婦、老公都擁有適切的態度與作為。那麼你不會被淪喪的價值觀扭曲，不會做出違背道德的事情，可以發自內心知道有所為，有所不為。

人之所以苦惱，不外乎事情不如預期，別人不如己意，於是抱怨連連，但這樣活著真的好辛苦，也改變不了現狀，八方教大家做好自己，態度正確，自然家庭幸福，人際和睦，工作有效率。不管有形或無形八方老師及神佛都是慈悲與開通的。

之前在外租屋，因為多年無人居住，房子裡有位無形的靈久居於此，屋子也變成地靈來去通道。老師來處理時並非強制驅趕或收服，而是開始跟靈說道理，請它到該去的地方，也請過路地靈要懂得尊重這裡已是人的住所，不要彼此干擾。並找來當地的土地公公請祂善盡職責，做好管區的責任，最後請菩薩接走忘記歸途的靈。

那時真是開了眼界，覺得八方的處理方式跟一般想像中的不同，如果大家都明白道理，就可各歸其位，也是一種尊重。

八方的道理與時俱進，而非一成不變的規範或教條，每次開示都會逐一檢討個人做不足的地方，讓每個人能循序漸進的調整自己，你不會覺得道理像天方夜譚，而是從小處就可實踐的，積沙成塔，日久便會發現有所進步。

這裡像個大家庭，訪客們都會彼此勉勵，不時一同出遊，在生活及工作上互相幫忙，感覺多了不少良善進取的朋友。

謝謝Carol老師還有八方的夥伴們！

後記

在交完八方的第二本書後，我就開始不斷的出國去工作了。

我知道還有一個後記要寫，但不知寫什麼，於是就跟總編說，我先交書，還有後記沒交，等一校之後再交後記。

我不知道後記要寫什麼，原本想應是要寫一些新舊法的案例，但到今天，我終於知道要寫什麼了。

上海北京行

早就聽說像我這樣的人在中國很流行，很多同行都可以在對岸有不錯的收入，雖很開心的接下開示的天命，但主要也是覺得工作輕鬆，收入也算不錯啦，所以，這次的過海工作，雖是早就知道的使命，但也算開心。

師父說過來的訪客都要開心的離開八方，因此，也結交了一些對岸熱心的朋友，這次去上海和北京都是從訪客變成好朋友大力幫忙。

對上海我並不陌生，曾經因照顧已過世的父親，在上海住了快半年，雖上海的變化是一日千里，但至少真的不害怕，也明白在上海辛苦打拼工作的朋友。

在上海很感謝趙樂峰和她的朋友凱利的幫忙，真的接了不少的案子，有訪客問事也有看風水。讓我看到台灣的朋友在上海工作的辛苦和努力，讓我有幸看到上海經過大建設後的磁場和台灣的不同。行程匆匆四天從早到晚。

在去上海之前，我氣喘的厲害，走不到五公尺就喘，平日上班從芝山捷運站到公司不到一百公尺的路程中間還要休息一次，坐著說話，都會喘，有時心跳會突然快到一百多，有機會帶媽媽去醫院看病，順便量一下血壓都是兩百出頭，我也不怕死，有時想想紅塵真難過，要我自殺還不敢，但心肌梗塞還可以接受，所以從來也不在意身體的情況。

這次去上海，坦白說心裡有點怕，怕身體給人帶麻煩，因為，不知什麼原因，原本冷熱不忌、酸辣無所謂、飲食不正常的鐵胃，開始發炎、胃痛又脹氣。吃東西變成少量多餐，中國這麼大，這樣的體力，怎麼去大上海打拼呢？因此，特別情商一個好朋友靜宜一起陪同。

上海是中國的大熔爐，有中國各省的人在這個大上海打拼，南北不同風味的美食在上海都可以吃得到，趙兄很用心的安排，但胃不舒服，都只能淺嚐而已。

去上海四天的感覺是吃得特別，作息正常，走的很遠，隨便去一個地方下車再走路都要走一、兩公里就算很近的。趙兄故意讓我多走路，我又氣又好笑的說他，你現在大陸人？隨口一句就在前頭都是要走上一、兩公里。但真的感謝他，從上海離開，氣也不喘了，胃也不痛了。

結束上海的行程，到了北京。

北京沒有刻意安排訪客，去北京主要是師父要我過去接旨。

一樣在去之前並不知道要做什麼，只知道去北京之前要先淨身，第一個目的地要去雍和宮，離開前一天要去天壇。到了雍和宮就感應直接到第四殿領旨。雍和宮在清朝出了兩個皇帝，一位是雍正，一位是乾隆，所以乾隆不願子孫有任何他想，所以就改成佛教的寺廟。現在雍和宮是藏傳佛教寺廟。神奇的是，我到了第四殿才知道原來拜的佛祖是彌勒師父。

雖到了北京身體情況好很多，不會氣喘，但也是任性的不願走太遠的路程，很感謝北京的朋友潔西卡和弘毅全程照顧我，總是讓我慢慢的走在北京的路上，弘毅是台北的老朋友，知道我在台北根本不走路也不愛走路，記得有一次他在北京跌斷了腿回台灣還是跟我們一樣去宜蘭玩，包著石膏，比我走的還快。

最後一天我要離開北京前，還要到天壇接法，天壇很大，繞一圈大約有一百公尺。一百公尺以我的腳程大約要走十多分左右，可是當我繞著天壇接法時，弘毅竟差點追不上。當時的感應是要走快一點。

上海和北京行圓滿後，身體不會喘了，但吃東西開始沒什麼味道了，回到台北很開心，因氣不喘了，身體好很多，直說在中國一週走的路是我一年走的路，汗流的很開心。

回台北很快就在既定的軌道一天過一天，直到有一天跟門生在閒聊上海北京的趣味時，感應要去一趟成都。

成都行

去成都？多陌生的地方，只是很巧的事一直以來都計畫在中國要做培訓課程，朋友也是在成都做培訓，在台灣談了兩次，做不做早晚都要去一趟，那就把有形、無形都辦一辦吧！

成都的道教總壇，地上還有一個大太極

一開始從很開心的準備去成都，到真不想去成都，除了台北的事多，主要知道這次去的地方是距成都車程有八小時的海螺溝。

海螺溝是四川政府準備發展的一個重點旅遊城市，是屬藏族甘孜州自治區，它是全世界海拔最低的冰川瀑布。

我一看到是冰川瀑布，真的只想能拖就拖吧！行程雖是定了，但心中就是不想去，東想西想找理由不去。我一想到山上，要爬山、血壓高、落後，就真的不想去。

海螺溝的山壁

當行程定案後，怪事就此發生，我自從坐完月子，十六年來重未犯的隱疾竟毫不客氣的出現在我身上，跟核桃一樣大的痔瘡，就在我身上大膽的抽痛起來。當時我感應的是另一股無形的力量不讓我去成都。我不敢讓老公知道，怕他真的不讓我去，直到要去的當天我才讓他知道有多嚴重。他真的很兩難，知道我要做天命，又擔心我的身體，又不能阻止。身體的不適連行李都不會整理了，特別請一起去成都的玟君來幫忙，胡亂拿了一些衣服就出門了，根本不記得行李裝了什麼，只想著屁股要怎樣才不會痛。

還好，北京潔西卡的公關公司在成都有分公司，請公司幫忙租了一輛車，是七人座的好車，一路上從成都到海螺溝我都是躺著上山。

玟君很瞭解我的性格，一路上連問也不問我如何，也不理我，她知道我很會唉唉叫，就是給我藥吃，給我水喝，替我回話，幫我拿東西，事後我問她，她說，就真的知道很痛，也不能幫我痛，問也白問，不如就讓我靜靜的痛。

就這樣，從台北機場到成都到海螺溝，只有一個抱怨，接天命做什麼？可不可以不要是我？

說到海螺溝那真是一個精彩的過程。現在讓我回憶，只能說全是師父們給我的考驗。

海螺溝是甘孜州自治區，過去我們讀的西康省，西連西藏，是一個藏傳自治區。雖是自治區，但行政管轄區是隸屬於四川省政府。沿路的景色很美，飲食也具特色，只是有隱疾而無福消受。

海螺溝是四川省繼九寨溝開發的另一個國際旅遊景點。她是全世界海拔最低的冰川。上山的路，除了修路和落石之外，進入海螺溝的

冰川地

冰川景點，要坐他們的巴士，外頭的車是不可以進入的。景點除了可以觀看冰川地形外，還可以泡溫泉。坦白說，是一個好玩的地方，只是我每天只想著什麼時候屁股不痛了，只想著快快把工作完成。

海螺溝的山壁，滿山谷的佛祖們

到了海螺溝的第一天晚上，我們住在觀光區山下，好心的司機大哥建議我們去看看藏傳同胞表演秀，真的一點也不想，只想著躺在床上，屁股不痛，誰想看什麼表演啦！晚餐吃飯時，司機大哥又建議我們去看，想想玟君也是第一次來，我不舒服，她一路可是吃的很開心，總不能掃興吧！最後協議是司機大哥在門口等，如果真的不舒服，他立刻帶我回旅館。

表演區的門口，有親切的藏族同胞

進入海螺溝之前的二郎神山洞

給我們每一個進去看表演的朋友們獻上藏族的卡達，就是祝福的意思。我不知什麼原因，我連拿都不想拿他們給我的祝福。

表演一開始，就開始流淚，不停的流淚，記得以前剛開始通靈時，可能還無法控制，會因感應或靈的情緒波動而流淚、生氣等等，通靈時間久了，已經很能控制自己因感應而喜、怒、悲、傷的情緒變化。我一邊流淚，一邊感應，知道那是元神的故事。我的元神是四面佛，在還沒有到南方成佛之前，原來跟藏傳地區的佛祖們都是共同修行的兄弟姐妹，就在四面佛到南方成佛之前，祂跟祂們有一些故事和一些誤會，而這場表演秀，就是讓兄弟姐妹冰釋前嫌的會面。

第二天，我們坐觀光巴士到海螺溝景點區，大約四十分的車程，下車，我就知道完了，氣喘，不能說話再加上原來到冰川區還要走兩個小時，我的腦袋一片空白，只能聽著玟君告訴我，去上廁所、等一下……等等一些指令的話語，腦袋一直想著，怎麼辦？怎麼辦？老公打電話給我，我告訴他別說了，我氣喘不能說話，當時海拔才兩千兩百公尺，而冰川區是三千六百公尺。

玟君告訴我，有滑竿師父可以帶找上山，也就是轎夫，真棒，這就是中國最棒的地方。談好價格，我跟玟君一人坐上一個滑竿上山，原本看到是柏油路的，怎麼

蛾眉山上的滑竿

轉個彎全變了還沒開發的山路。就這樣終於到了冰川區，這當中還發生一個小插曲。

有一段山路，大約有五、六公尺長，但是陡峭坡度大約是四十至六十度，所以依慣例是下來走路。我也是，但我一下轎子，一股氣沖上腦門，頭暈，臉發白，站不住一口氣只想著要撐住，這樣子把那些轎夫嚇得不知如何是好。我找到一棵樹，一口氣讓我站穩，我就開始調氣和唸咒，只聽到玟君說別碰她，別理她。又聽到轎夫說，她有特異功能。

樂山大佛的將軍

成都樂山大佛

奇。

到了山頂，要開始施法，我下了驕，又是大喊又是唸咒，驕夫們直說真神

我們又回到一個中心位置，山路走完，接著要走空橋，師父指示我必須從空中接法，空空的覽車就只有我跟玟君，由空中看著冰川更是美，一種淒美又空洞的感覺，無法用言語形容，我跟玟君兩人在空中除了說天語之外，就是不斷的哭，我們感應整個冰川地就好比一個大門，佛祖們擠滿了冰川的上空和山壁，告訴我們要努力，他們等我們回去。我們像一個孩子一樣，在天空中哇哇大哭，像一個離家的孩子，囑咐叮嚀和珍重再見。

海螺溝山上的小吃

曼谷行

從通靈以來，最怕的就是走火入魔，這個宇宙太大了，而我們只是其中的一個空間而已，這當中有什麼靈，有什麼存在的世界，誰敢證明只是眼睛所看得到的。

在中國就不斷的上課和談事情，這來來去去的最後一週，我接到我其中一個門生的簡訊內容總是，老師，我感應什麼什麼對不對？記得最後一封的簡訊內容是，唉喲！怎麼老君時常要跟我開玩笑啦！是真的還是假的。

從成都回來後，已經有一些訪客等著要訪談，一週後還要去曼谷看一個生意合作的工廠。所以這封覺得只是撒嬌的簡訊，真的出問題了。

一直以來，我不斷地告訴門生，通靈只是反省自己和讓身體好而已，通靈只是讓我們有智慧，一天到晚請神佛給我們答案是沒有用的。

我週日去曼谷，前一天週六早上門生的讀書會她來了，來時，也是不斷的問東問西，問完我，再問哥哥姐姐們，這樣也是好的啦，總是多多驗證。問完她想問的工作上問題，她說她要走了，她告訴我她好多天沒睡，真的，看她的神情真的是疲憊不堪。

跟她一起來的好朋友告訴我，她回台東了，一路上發生了一些自問自答的情況，讓她很害怕。

我告訴她不准再感應了，告訴她用調息的方法保護自己。晚上又請另一位門生去她的住所幫她做結界，但到了晚上陰陽交替的時間，十二點，她又打電話給我，說她很怕，要到我住家，不到二十分她來了，我跟她談了兩個小時左右，時間已經是快清晨三點了，看到她的眼神醒了，我們各自倒在不同的沙發上睡著了。

談話的內容大約是，『妳怎麼可以干擾肉身，這是犯天條的第一條尊重。』『老師，妳不可以收她，妳這樣會害到……』『妳不要跟她說話』『請妳用意志力來控制妳自己』她累了，我也累了，明天還要去曼谷呢！

上飛機前接到電話知道這個門生又亂說話也到外頭跑來跑去。

當天晚上一些感應快一點的門生，就到我家跟她的靈進行溝通，同時也要知道我們必須怎麼做，才能幫到她。

說到這兒。有三個於無形的世界要特別的說明

一是地點

台灣是個美麗寶島，宗教的盛行，靈氣逼人，一個好山好水的地方一定是神鬼交鋒之地。花東地區，是每一個通靈訪靈必需之地，到了這個美麗的地方，真的就是平常心，觀光心，遊山玩水就好了，千萬不要隨便的感應，除非你們是有天命或工作在身。

二是時間

上天是公平的，當我們肉眼看到的世界，能自由自在，在無形的世界，也是有來去自在的時辰，在監獄都有放風的自由時間，在空間的轉換也有陰盛陽衰的時辰。

三是觀念

靈沒有收不收的，只有尊不尊重的問題，而尊重的輕重或者今生看得到，

或許要好多世才能明白誰欠誰的，而新的天盤和新法都是自己掌握自己的人生，是道理放在前。

如果你先去干擾別人，又何必怪別人來干擾你呢？

臨時交代了其他的門生要多注意，到了晚上聽說她已經去醫院了。門生們很辛苦的到我家做無形護持的工作，不論信也好不信也好，就是能做的全都去做，這樣忙到半夜三點，也無怨言，真的很感動。而我在曼谷能做的只能去四面佛祖那兒下跪求開路。

就這樣，我們什麼也不能做，也做不了，但是兄弟姐妹們還是不放棄，相約隔兩天要到八方共同討論，同時來請教佛祖們，我們該怎麼做。

選擇醫院是對的，當意志力無法控制時，用外力控制是對的，至少可以讓肉身是安全的。

兩天後，門生到八方跟我在曼谷電腦連線，得到的答案竟是每一個人先反省五倫關係的兄弟關係。我急著要知道到最後要怎麼做，我先反省，說到我的兄弟姐妹們，做的都是不足，對妹妹要再照顧，對姐姐要有耐心，對哥哥試著跟他們說道理，原來自己都不足了，再來是老大、老二、老三……一個一個說完，最後佛祖們的意思要我們先把自己做好，才能幫助到最小的妹妹。

隔天在曼谷看facebook門生po的文章，他們真的做了，有的打電話給姐姐，有的打電話給兄弟說道歉。明白大佛的意思了。

所謂菩提有三，一是把自己做好。二是教人做菩提。三是發大願。

這件事後來讓我想到海螺溝在藏傳表演秀感應到的兄弟姐妹情誼的哭泣。

這件事後讓八方的門生自己訂下規矩，同時感情更緊密。

當八方正朝著更有秩序的未來時，我卻要面臨另一個考驗。

動脈血栓開刀

從曼谷回來，我們持續的多方確認小妹妹是平安無事的，第二天的晚上，助理提早了兩週生產，在醫院陪她到天亮。隔天週一問事滿檔，到忙完已經是晚上七、八點，回去躺了一下，開始痛了。時間十一點四十五分。整隻腳痛到不能站，冒冷汗，送到醫院一點四十分，早上六點三十分進手術房，急性動脈血栓開刀。

我一邊忍著痛，一邊感應是前世討債，我知道我身體有另一股力量在拉扯我。

痛！冒汗！量不到血壓！昏迷！進手術房。

自己再感應師父，沒人理我。

是的，師父說過，做道理因果站二旁。

活該！早就叫妳作息要正常，要運動，道理的禮字，約束不足。

是的，師父說過，要早睡早起，要吐納，要定氣。

活該！早就知道自己血壓高，還要去幫人生孩子。自己沒把門生（助理）教好，怪誰？她的先生不在，她不去低頭，要妳去陪生孩子，道理的智字不足。不懂得教人。

是的，師父說過，明年是末法，今年在算帳。

活該！誰叫妳開示不自己上課，偷懶要別人上課。
活該！誰要妳一天到晚幫人用功德買平安。
活該！庫房不去看，自己沒有無形的錢都不知道，前世不找妳，找誰？

是的，師父說過，教人做功課菩提一。

自己不會教人，又懶得上課，又不認真多開示，想到早在成都孔廟時，就請門生看過自己的因果帳本從地上到腰這麼高了，總想著大佛們慈悲，一拖再拖的做功課。

什麼都告訴過妳了，就是活該。新法是做道理，不是說道理。新法是以身做則，不是神佛保祐。新法只是回到最原始中華倫理道德，是做，不是說。

不明原因放電，讓我有焦慮症

兩週後出院，到現在還查不出來什麼原因動脈血栓，身體莫名的放電，有人說是開刀後遺症，可是問了兩位名醫都說沒這樣的經驗。放電的感覺就是無時無刻有人電你的左腳。會痛，痛到晚上睡不著。中醫說我隨時會死，西醫說我隨時會復發，因查不到原因。

為什麼是我？我不想再感應，有訪客就感應，有需要感應才感應，我不再跟以前一樣，隨時在跟師父們聊天，你們不是要我做道理，那我就好好的做道理，我不多做，我也不少做，我真的很生氣。但也是生氣而已，因我知道自己不足，就好好做唄。我每天都不開心。我一個在說道理要人開心心想事成的人，我真的不開心。很久很久不在部落格寫文章，不知如何下筆……

我坐著輪椅帶著三十八個人到泰國求願，但我自己什麼也不敢求，我只敢求八方每一個人都好，我沒有替自己想過，我怕犯了貪念。

我告訴自己感恩了，只是在左腳而已，不是頭了，我一直說服我自己，滿足了。

而另一個聲音告訴我，歡喜八方成立了，法門成立了，法規成立了，門生成立了，妳要開始弘法。

我都一隻腳沒感覺了，弘什麼法？自己都做不好，弘什麼法？不能吃、喝、玩、樂，紅塵有什麼好玩的，弘什麼法？當通靈老師是因可以讓別人開心，我才當通靈老師。但當通靈老師要我放下我的紅塵，呵呵呵真的再說吧！我知道我沒這麼偉大。

我想到訪客們得到他們要的，卻不來聽開示，卻不做道理，卻不斷的驗證我準或不準，人心太壞了，還要我弘法，你們神佛做了多少千萬年都做不好的事，要我一個肉身一天到晚無法控制自己的人來做，我才不要呢！

道理、迷信、感恩，每天在我腦袋跑來跑去，我撒嬌說我得了焦慮症，沒一個人理我。終於有一天，我問了師父們。

師父示

Carol 總算再提詩　事過三旬才問明

如今Carol心不滿　都是合理和同情

合理之因在於情　同情之因在於理
情理之間如何全　想得師父真大頭
如今Carol努力成　又看前世債不完
如今只好皮肉痛　債還因果錢進門
俗話說的真是好　大難之後有後福
如今Carol大難成　剩下只有後福拿
後福如何能拿成　全看天命成不成
天命傳道如何成　全看Carol用心成
想想今日數十人　想想過去二三人
如今好做在於人　過去成事在於誠
只要Carol用心做　八方成事在眼前

老君示

心肝寶貝真心疼　病痛腳病心也病

如今總算定了心　老君說話感應妳
莫要傷心過去事　老君疼妳心都知
如今只要要求成　一定幫你到天成
老君深知人心壞　所謂掙扎在拔河
放心沒事相信天　未來好命樂開懷
莫要再次偷想哭　老君看了好心疼
要妳乖乖做天命　滾滾紅塵擔不停
不要再管小兒孫　莫要再理男人情
別人要做妳不必　天命完成都會成
加油Carol快成名　過完此關大紅人
加油Carol眾佛成　天命開心能成圓
一念之間都在妳　Carol加油即可為
老君疼妳真心疼　莫要回頭路難成

觀音示

雖是平時少多言　只因視妳大佛身
如今肉身不開懷　影響紅塵前世因
前世望妳在紅塵　元神要妳回天成
如今二靈在打架　全在肉身決定成
莫要擔心前世果　早已痛處已換成
如今只要念頭定　開示傳道在心中
一切都會肉身成　祝妳好命在眼前
紅塵真的大好運　肉身早已痛完成
祝妳Carol要開心　一天到晚都開懷

帝君示

沒有特別對妳說　只有感恩在心頭
道埋傳遍無犯法　樂我帝君開沙盤

如今Carol重新做　一切帝君都願成
好好管理幫大佛　未來紅塵財拿成
祝妳Carol要開心　所謂開心真的開
帝君護妳在身邊　大佛一切都是成

四面佛示

肉身肉身不聽言　方法用盡也不聽
如今因果上了身　還好只是腳不行
莫要擔心都沒事　開示完成就美麗
如今考驗肉身心　開心完成就美麗
如今考驗肉身心　開心真成事享成
何謂開心事享成　正念方法不停行
只要方法不斷出　條條大路等妳成

說來說去還是要妳去弘法。可是想到坐飛機，想到海螺溝的身體不適，想到人心，想到未來新舊盤交替的拉扯，弘法這件事，太沉重了。

我有我的感應，我知道弘法不好做，這時是新舊法的交接時期，就好比一個朝代換另一個朝代，一個總統要換另一個總統。不論新舊做得好不好，都有意見和聲音，要怎麼做？

如果熟讀歷史就知道，每一個新的朝代要穩定人心，是多麼的辛苦。而人民還是對你不信任。我明白這樣的感覺。

不論你做得再好，還是有人把你當成算命的。日後接下這個弘法的工作，就是攤在陽光下讓人審判，為什麼我要，為什麼是我接？不接？每天都在想。

道理我都懂了，師父說過，在紅塵做道理，我可以不要接這個工作。

但又想到了感恩。

想到女兒沒讀書，讓她讀了公立高職夜間部，想到有一個疼我的老公，都是老君引導的，想到母親的延壽是師父做主的。想到一個一個朋友打電話給我的關心。

再一次接受和屈服。

直到一天，去出版社一個感動的對談：

我說我不想放掉紅塵事。

他說，都有過了。

我說人心很可怕。

他說，所以來了。

我說不想成名。

他說，十個人開心還是無數個開心。

我說學生不好教。

他說，孔子說有教無類。

跟他談完後，像跟師父一樣的對談，只是這次是人和人的對談。

他不斷的在引導我，心中的不滿，一件一件說出來，又一件一件的放下，

最後他客氣的說，不是他要說的，是我的師父要他說的。

在那天之後，我開始大動作的準備歡喜八方未來要弘法的方法和做法。

一天，我跟門生們說：

未來有一天，八方有名了，我們想別人怎麼認定？有錢？通靈？沒錢？努力？開心的人匯聚成八方。

我們應是開心心想事成的地方，就是傳道理的歡喜八方。

想到師父曾經說過，八方不是只有一個Carol，每一個人都是Carol。

因傳道理人越多越好，

門生不是通靈人，門生就是願意傳道理和做道理的人。

當所有的過程都明白後，八方的門生也要出書了，要替八 方弘法而準備。

現在很感恩，Carol有機會可以重新再來，

現在很感恩，門生可以一起做道理，

因八方是要達道理和做道理的法門。

真的新法開盤。

什麼是新法開盤？沒有什麼新法。所有法都只有一個，就是中華傳統文化，就是所謂的四維八德，而什麼是新法，就是做法不同。中華文化只有一個，只是做法不同，國民黨、共產黨、民進黨，做法不同而已，都是中國人。

新法開盤，只是要我們做出而已，只是做出大於說出。

過去，神佛慈悲，開了很多的法門來保祐我們，現在要我們做吧！從什麼地方可以看到真的新法開盤，從健康的人也會得癌症，從我們身邊的人會突然的往生，從過去有神明給樂透的號碼到現在沒有，從過去很多的乩身到現在很多人都會通靈要自己感應，從很多人有莫名奇妙的怪病。

新盤一點也不可怕，就是做到佛祖們說的道理和放下。

新法一點也不陌生，就是我們的中華傳統文化。

歡喜八方成立了，開門了，歡迎每一個想聽道理的，要做道理的人一起來經營。

歡喜八方的連絡：

http://tw.myblog.yahoo.com/Carol_shih38

上奇摩、臉書、騰訊打上歡喜八方都可以搜尋上網

或 台灣省 +886-2-28311143

國家圖書館出版品預行編目資料

通靈師—心的境界／歡喜八方著.
——第一版——臺北市：宇河文化出版；
紅螞蟻圖書發行，2011.11
面　公分——(靈度空間；7)
ISBN 978-957-659-875-3（平裝）

1.通靈術 2.靈修

296.1　　100021555

靈度空間 7

通靈師—心的境界

作　　者／歡喜八方
美術構成／Chris' office
校　　對／楊安妮、周英嬌、歡喜八方
發 行 人／賴秀珍
榮譽總監／張錦基
總 編 輯／何南輝
出　　版／宇河文化出版有限公司
發　　行／紅螞蟻圖書有限公司
地　　址／台北市內湖區舊宗路二段121巷28號4F
網　　站／www.e-redant.com
郵撥帳號／1604621-1　紅螞蟻圖書有限公司
電　　話／(02)2795-3656（代表號）
傳　　真／(02)2795-4100
登 記 證／局版北市業字第1446號
法律顧問／許晏賓律師
印 刷 廠／卡樂彩色製版印刷有限公司
出版日期／2011年 11 月　第一版第一刷

定價 240 元　港幣 80 元

ISBN 978-957-659-875-3　Printed in Taiwan